ちくま新書

社会保障のどこが問題か
——「勤労の義務」という呪縛

山下慎一
Yamashita Shin'ichi

1821

社会保障のどこが問題か——「勤労の義務」という呪縛【目次】

凡例

一、引用文中の旧漢字は新漢字に改めた。仮名遣い・送り仮名は、原文通りとした。
二、固有名詞（人名・地名等）の旧漢字は原則として新漢字に改めた。
三、引用文中の引用者による注は〔〕で表した。

はじめに

†複雑で使いにくい社会保障

なぜ日本の社会保障は、これほどまでに複雑でわかりにくく、使いにくいのか。読者各位も、一度はこのような思いを抱いたことがあるだろう。

社会保障とは、医療や老後の年金、介護、子育てなどに関わる公的な給付であり、日本国憲法二五条（生存権）にその法的な根拠をもつ。人々が日々の生活に不安を持つことなく、健康で文化的に生きていくための生活保障を目的とするものと言える。

ただし、日本の現実はその理想のようになっているだろうか。そうではない、ということを示すために、世の中で苦境にあえぐ沢山の人々のことを描写することもできる。けれども、そのやり方では筆者自身にとってリアリティを欠くため、ここでは筆者が現実に体験したことを例として挙げたい。

筆者の実家で、家族と同居していた祖母が認知症を患った。家業を営みながらの昼夜を問わない見守りに家族が疲弊し切ってしまい、実家での介護が困難になった。実家から連絡を受けた筆者は「祖母に要介護認定を受けてもらい、介護保険で施設に入所してはどうか」と提案した。しかし実家では、公的な保障に頼ることに対する抵抗感があった（「人様の税金を使うのは……」とか、「よそに預けるのは婆ちゃんに申し訳ない」など）。

筆者が実家に帰り、何とか家族を説得して要介護認定の申請を行い、手続きを完了したものの、国民年金だけしか受給していなかった祖母の年金で入所できる施設はどこにもない。筆者は当時すでに社会保障法学を専門とする大学教員であったが、実際に自分の身に降りかかってみると、役所の窓口での説明もケアマネジャーによる説明も十分には理解できなかった。さらにインターネットでいろいろと調べたが、得られた情報のニュアンスから、祖母にとって使える利用費減額の仕組みはないように感じられた。そこで当初入所していた施設では、親族の援助も受けながら、言われるがままの利用費を支払っていた。

その後、筆者が研究上の必要があって制度をもう一度細かく調べたところ、実はほかにもたくさんの利用費減額の仕組みがあったことを知った。祖母が別の施設に移った際にそれらの仕組みを適用することで、信じられないほど利用費が減額された。

†問題はどこにあるか

この筆者自身の体験から、現在の日本の社会保障における重要な問題をいくつか取り出すことができる。

第一に、制度が非常に複雑なことである。介護保険の利用費減額についてはざっと四つの制度があるが、役所の管轄も異なっており、制度適用の可否に深く関わる本人の所得金額（≒納税額）の計算も制度ごとに異なるなど、本当に複雑である。そのため役所の窓口の職員やケアマネジャーなどの専門家でも制度の相互関係の把握が難しい。後ほど紹介するが、利用者の相談に対して制度を正しく説明しなかったことによって、行政や医療法人に損害賠償が負わされた裁判すらある。社会保障の利用者だけでなく、社会保障を提供する側も困難を強いられている。

第二に、いざ制度を使おうとする際に、本人や家族の意識がブレーキになることがある。介護保険のように、ある程度利用しやすくなってきたと思われる仕組みであっても、やはり一定の年齢・地域・個人によっては抵抗感がある。ほかにも、例えば子育てについて、可能な限り自力でやることが子どものためになるという意識が感じられる。生活保護の受給についての抵抗感はなおさらだろう。公的な仕組みを利用せずに何とか踏みとどまっている人からすると、福祉（社会保障）に頼っている人は「甘えている」ように映るかもしれず、その批判への恐れがまた、利用への躊躇《ちゅうちょ》を生む。

つまり第一の点のように、そもそも制度が複雑でわかりにくく、使いにくい。そのうえ第二の点のように、利用者の側に心理的な抵抗感が生じることによって、なお使いにくい。二重の意味で、日本の社会保障は非常に使いにくいものになっている。

さらに問題は、これだけではない。日本の社会保障は、働き方によって適用関係が分かれている。

筆者自身の経験に話を戻すと、自営業を営んできた筆者の祖母は国民年金のみの加入であった。国民年金の老齢年金は、平均月額が五・五万円程度である（これに対して会社員や公務員が加入する厚生年金の老齢年金は、平均月額が一四・五万円程度である）。このことは老後の生活だけでなく、十分な介護や医療を受ける余裕があるかどうかという問題にもつながる。

年金以外に目を向けると、制度上、自営業者・個人事業主は国民健康保険（国保）に加入するため、ケガや病気で休業するときの収入保障も、産休中の収入保障も受けられない（会社員らが加入する健康保険（健保）には、それらが傷病手当金と出産手当金という形で存在する）。さらに、自営業者・個人事業主は労災保険や雇用保険にはそもそも加入すらできない。

働き方によって社会保障が異なることは、制度の複雑さや使いにくさの一因となるだけでなく、人々が自らの望む働き方・生き方を選ぶうえでの障壁になることもある。よって、働き方によって社会保障の適用関係が異なることも、日本の社会保障の第三の問題として挙げる必要がある。

このように、日本の現在の社会保障はいくつかの問題を抱えている。人々が日々の生活に不安を持つことなく、健康で文化的に生きていくための生活を保障するという目的が、十分に達成されているとは言いがたい。

†法律学というアプローチ

本書は、以上のような問題の背景を分析し、それに対して一定の解決策を提示し、それによって新しい時代の社会保障の姿を考えることを目指す。そしてその際に、本書は法律学のアプローチをとる。その理由と内容をまず説明したい。

社会保障に限らず、制度の欠点を指摘し、その改善をするためには、前提としてその制度の現状を正確に把握する必要がある。そして、これもまた社会保障に限らないが、公的な制度や政策は、民主主義の仕組みをとる日本では、基本的には国会で成立した法律（あるいは地方議会で成立した条例）によって形成される。つまり制度の現状を把握するうえでは、その制度を形成する法律の規定（条文）を見ることが出発点となる。

ただし実際には、法律の条文に重要なことがすべて書かれているわけではない。法律の制定時点において、国会議員が、制定後に生起するであろう無数の問題を予測して、それに対する解決策を法律の条文の形で事前に用意することは、現実的には不可能である。

それではその都度法律を改正すればいいとも思われるが、法律の改正には大変な労力と時間がかかる。のみならず、そもそも改正すべきか否かについて意見の対立がある場合には、それを乗り越えなければ改正は実現しない。そのような場合に、いまそこにある法律の条文をいくら眺めていても、新しく生起する問題を解決することはできない。

そこで、いまある法律の条文はそのままに、その条文の「意味」を、問題解決のために使えるような別の「意味」に置き換える作業が必要となる。これが「法解釈」と呼ばれる作業である。

社会保障は法改正が比較的頻繁に行われる分野である。人々の生命・健康にかかわるという重要性から、絶えず生起する新たな社会状況に速やかに対応する必要があるからである。ただし、法改正がそれに追いつかない場合もある。そうすると、社会保障でもやはり「法解釈」が重要であることになる。

†社会保障と法解釈

それでは実態として、社会保障の分野における法解釈はどの程度の重要性を持っているのか。一つの例を挙げて示したい。

会社員が加入する公的年金、すなわち厚生年金には、遺族厚生年金という給付がある。加入者（被保険者）が亡くなった場合、その被保険者によって生計を維持されていた「遺族」に対して給付される、生活保障のための給付である。この「遺族」の中で最も優先順位の高い者は「配偶者」、すなわち亡くなった被保険者の夫／妻である（厚生年金保険法五九条一項）。それでは、この配偶者に事実婚（内縁）の夫／妻は含まれるか。

この点に関しては、厚生年金保険法三条二項が回答を用意している。引用すると、「この法律において、「配偶者」、「夫」及び「妻」には、婚姻の届出をしていないが、事実上婚姻関係と同様の事情にある者を含むものとする」。つまり、「事実上婚姻関係と同様の事情にある」ような内縁の夫／妻も、正式な婚姻届を出した法律婚の夫／妻とまったく同じように、遺族厚生年金を受給する法的権利を得る。これが法律の条文上の遺族厚生年金の仕組みである。

この内縁の夫／妻の扱いに驚かれる読者もいるかもしれないが、これは条文を読めば明らかなことである。法解釈の重要性は次のような局面で現れる。

夫Aは妻Bと正式に結婚（法律婚）している。結婚して数年後、AとBの仲は険悪になり別居するに至ったが、諸々の理由により離婚は成立しなかった。その後Aは、別の女性Xと事実婚（内縁）状態になった。つまりAには、法律婚の妻Bと事実婚の妻Xという二人の妻がいる（重婚的内縁）。ここでAが亡くなったら、事実婚の妻Xは、遺族厚生年金を受給する権利を得ることができるか。

たしかに、Xは先ほどの厚生年金保険法三条二項にいう「事実上婚姻関係と同様の事情にある」妻であるため、遺族厚生年金の受給権を得られるかのように思える。しかし重婚的内縁状態のAには法律上の妻Bもいるため、Xに遺族厚生年金を給付すると考えた場合、法律上の妻と事実婚の妻の優劣関係はどうなるのか、もしXとBの双方に給付するとすれば他の受給者との公平性を害しないか、などといった多くの問題が生じる。

もちろん日本の民法（家族法）は一夫多妻を認めておらず、厚生年金も重婚的内縁のような関係を想定していない。そのため、厚生年金保険法はもとより、どの法律のどの条文を探しても、上記のXの権利に関しては何も書かれていない。

このような状況で最高裁判所は、たとえ法律上の配偶者であっても、婚姻関係がもはや形だけになり、「事実上の離婚関係」にある場合には、厚生年金に関しては、法律の定める「配偶者」に該当しない、との法解釈を示した（正確には、最高裁の解釈は厚生年金に統合される前の別の公的年金に関する解釈だが、現在の厚生年金にも当てはまると考えられている）。そうすると、妻Bは法律婚であっても「配偶者」には含まれず、Aの配偶者は事実婚の妻Xだけであることになり、Xのみが遺族厚生年金の受給権を得ることになる。そして遺族厚生年金という仕組みは、重婚的内縁が生じた場合には法解釈により以上のような処理をするものとして、現在の日本社会に存在し、通用している。

このように、現時点の日本において通用している社会保障の姿を正確に把握し、それを批判的に検討するためには、法律の条文に立脚しつつ、現実社会に即してその条文に施される「法解釈」にまで目を向ける、法律学的なアプローチが不可欠である。

†「勤労の義務」を問いなおす

ただし、本書が法律学的なアプローチをとると決定しても、それだけで、日本の社会保障に存在する無数の問題点のうちのどれを取り上げ、どう検討するのかが決まるわけではない。よって次に、本書に一貫する検討の視点を定めたい。

本書が考えたいのは、「新しい時代」の社会保障である。それは、情報技術の発展や社会の変容、それに伴う価値観の変容により、人々の働き方が現在以上に多様化し、それとともに人々の生き方も多様化したような時代に適合する社会保障である。

人工知能（AI）が人間の代わりに「働く」ようになれば、人間の働き口が大きく減ると言われている。働き口が残った場合でも、定時に出社して決められた労働時間を働くような、現在の会社員のような働き方は必要なくなり、ＡＩの成果物を人間がスポット的にチェックするような形になるかもしれない。そうすると必然的に、多くの人は、働くこと以外の行為に多くの時間を割くようになるだろう。そのような局面において、従来の働き方を前提として組み立てられている、現在の社会保障を維持することが妥当なのか、あるいはそもそも可能なのか。

このような「新しい時代」を念頭に置けば、カギとなる視点は「働き方」と社会保障の関係である。そして社会保障が、すべての人々が日々の生活に不安を持つことなく、健康で文化的に生きていくための生活保障をめざすのであれば、「ノーマル」な働き方をしない人、あるいは働けない人の生活を、いかにして保障していくかを考える必要がある。

ところが、これを考えるうえでは法的な障壁がある。日本国憲法二七条一項の「勤労の義務」規定である。

「すべて国民は、勤労の権利を有し、義務を負ふ」というこのシンプルな条文について、有力な学説は、勤労の義務を果たさない者には国家は生存権の保障（社会保障）を与えない、という法的意義を有するものであると解釈する。しかしながら、この解釈の正当性や必然性について、これまであまり注目されることはなく、深く検討されたこともなかった。

そうすると、新しい時代の社会保障を検討するうえでは、この「勤労の義務」規定の意義を問いなおすことが必須である。よって本書は、「勤労の義務」の法的な意義という視点を中心に据える。

†人々の意識と法的権利

さらに本書としては、法解釈の局面だけではなく、法や制度をめぐる人々の意識（法意識）の面にも着目したい。というのは、いかに法的観点から見て理想的な社会保障の仕組みを構想しようとも、実際にそれを利用するのは生身の人間であるからである。

すでに筆者自身の経験として述べたように、やはり多くの局面において、社会保障の仕組みを利用することに対する抵抗感は存在する。その抵抗感に対して何らかの対策を施さない限り、社会保障の仕組みは想定通りの効果を発生させることはない。つまり、法的権利の実効性を確保するうえで、人々の法意識は重要な要素である。このことをより本書の問題関心に引き付けて言えば、次のようになる。

日々の食事にも困り、家賃や光熱費の支払いも滞り、いまにも住居を追われそうなほど貧困にあえいでいる人が、生活保護の仕組みを知ってさえいれば、その人は必ず生活保護の利用申請を行うであろうか。

憲法に「勤労の義務」規定があるとはいえ、同じく憲法上には生存権規定が存在し、それを受けて生活保護を受ける権利が保障されている。このように、生活保護の権利があることを知っており、自らの現状に鑑みれば生活保護を受給できる可能性があると認識していてもなお、その権利を行使しようとしない人は、現実には決して少なくない。

このように考えると、法的な意味での「勤労の義務」と密接に関連しつつも、なお区別可能なものとして、人びとの意識のレベルにおける「勤労」ないし「働くこと」に関する規範意識のようなものが存在するのではないか。そのような意識が、社会保障の権利を実際に行使する際の、ブレーキとして作用しているのではないか。このブレーキに目を向けない限り、新しい時代の社会保障を構想しても、その権利は実際に使われることはなく、絵に描いた餅になるだろう。

このような考えに基づき、本書では人々の「勤労」「働くこと」に関する規範意識にも注意深く目を向けていきたい。

†理想の社会保障に向けた共同作業

それでは本書は、どのような社会保障を、そしてどのような社会を理想と考えるのか。本書をこれから読み進めていくうえでの見取り図として、簡単にその姿を示しておきたい。

会社員、個人事業主、フリーランスなど、どのような働き方であっても、社会保障の給付内容はまったく同一である。そのため、保障の手厚さや手薄さ、保険料負担の重さ・軽さといった要因に悩まされることなく、働き方の「壁」を軽やかに飛び越え、自由に働くことができる。利用者にとっての「使いやすさ」に基づいて給付の仕組みを設計することで、社会保障の全体像を理解していない人でも、受給漏れに陥ることがない。また、他人の目を気にしたり、自分自身の「こうあるべき」という意識に縛られることで、必要な社会保障を自ら遠ざけてしまうこともない。これらによって、すべての人々が、日々の生活に不安を持つことなく、健康で文化的に生きていくための生活を保障される。

そして人々は、そのような社会保障の基盤の上に、自分自身の「働き方／生き方」を自由に設計することができる。賃金は高くないが社会的・文化的価値のある活動を追求することもできるし、より高い収入を得たければ経済的価値の高い仕事への競争に身を投じることもできる。もちろん、家族との時間を何より大事にするという選択も容易である。

このように、各人が各人の能力を最大限に発揮できる活動――それは決して金銭の発生する労働に限らない――に取り組み、それによって経済・文化・芸術・子育てなどの各分野で技術革新（イノベーション）が生まれ、社会全体が発展する。

ここでは抽象的な記述に止めているが、次章以降で問題点と解決策を検討し、終章では具体的な制度設計を提示したい。

ただし、法学においては、唯一の「正解」というものは存在しない。それは「私はどのように生きるべきか」について正解がないのとまったく同様である。どのような社会保障を理想と考えるかは本人の価値観に大きく左右されるため、最終的な結論、すなわち「理想的な社会保障の姿」について合意を形成することは困難を極める。

だからこそ、最終的な結論ではなく議論の過程において、多くの人が共有可能な点を細かに探っていく作業が非常に重要である。その作業を経ることで、本書の示す議論よりもいっそう「良い」ものが必ず得られる。

このような認識から、本書では読者各位との意見交換を実践的な形で行いたい。具体的には、終章の末尾にQRコードを掲載するので、意見や感想、批判を投稿してほしい。読者各位からの意見や批判を吟味・分析し、それらを反映した研究成果を公表し、それに対してさらに読者からの意見や反応、批判を受けたいと考えている。

その意味で、本書は学術研究と社会の相互作用によって理想の社会保障を構想する試みという側面も持つ。読者各位も、本書との共同作業にぜひ参加してほしい。

第一章　なぜ働き方によって社会保障が違うのか——労働者と自営業者

1　社会保障の全体像

†老後四八八〇万円問題？

本書は、日本の社会保障の問題の根本を描き出し、それを解決することを目指す。そのための前提として、第一章では日本の社会保障の全体像を大まかに捉えておきたい。その際には、「はじめに」で取り上げた第三の問題、つまり会社員（労働者）と個人事業主（自営業者・フリーランス）との間で、適用される「社会保障のセット」が異なるという点に注目する必要がある。

二〇一九年に公表された金融庁の有識者会議による報告書は、「老後二〇〇〇万円問題」

として世間に衝撃をもって迎えられた。この報告書自体は、政治的な物議を醸すことになり撤回されたが、そのインパクトは読者各位の脳裏に焼き付いているのではないだろうか。

この「老後二〇〇〇万円問題」は、会社員の社会保障を前提にした計算である。具体的には、老後の夫婦二人世帯において、厚生年金（老齢厚生年金）と国民年金（老齢基礎年金）の受給月額を一九万円程度として計算をされている。簡単に言えば、会社員で定年まで勤め上げた夫と、専業主婦として家庭を支えた妻、という二人世帯が前提とされている。

それではこの金額を、個人事業主の社会保障で計算し直すとどうなるか。

ともに個人事業主として働いてきた二人世帯を想定すれば（あるいは一方が専業主婦（主夫）でも同じである）、この二人世帯が得られるのは、国民年金（老齢基礎年金）二人分である。老齢基礎年金の平均的な受給額は五・五万円程度であるため、この世帯の毎月の年金受給額は合計で一一万円程度である。

そうするとこの段階で、「老後二〇〇〇万円問題」がモデルとして設定した世帯と比較して、月額の世帯収入で八万円の差が生じる。老後二〇〇〇万円という計算に、月額八万円を上乗せして、「老後二〇〇〇万円問題」が想定していた老後三〇年間の必要な金融資産を計算すると、必要な金融資産は四八八〇万円である。つまり自営業者世帯は「老後四八八〇万円問題」に直面することになる。

さらに最近では、このままの物価高が続けば、二〇年後には「老後二〇〇〇万円問題」は二倍の「四〇〇〇万円問題」になるとも言われている。そうすると自営業者世帯にとっては「九七六〇万円問題」である。自力でおよそ一億円を蓄える必要があると聞くと、筆者が思いつく方法は宝くじかギャンブルくらいしかない。

†「労働」とは何か

このように老後の年金の問題一つを取ってみても、会社員と自営業者では驚くほどの差があることがわかる。そして以下のとおり、両者の差はこれに止まらない。

さて唐突だが、ここでこの問題を考えるにあたって重要な前提を確認しておきたい。

読者各位は、「労働」しているであろうか。

「そりゃ毎日一生懸命働いているよ」と思われるかもしれない。だがあなたが日々一生懸命「働いている」ことは、法的には「労働」に該当しない可能性がある。そう言われると、どう感じるだろうか。

筆者は以前、一般社団法人Japanese Film Project（JFP）から依頼を受け、映像業界で働くフリーランスの人向けに社会保障に関するセミナーを実施した。その際、「そもそも皆さんは法的には労働者ではありません」と伝えると、驚きと困惑の声が上がった。

実は、労働基準法や労働組合法、労働契約法などをはじめとする「労働法」の保護対象となる「労働」は、数多くの働き方のうちの一部である。そしてその意味での「労働」か否かが、その人に適用される社会保障の「セット」を左右する。しかしJFPの例が示すように、そのことが社会で広く意識されているとは言いがたい。

老後の年金の話を聞いて、「個人事業主とかフリーランスのこととか、大変そうだけど自分には関係ない」と思われる読者もいるかもしれない。しかし、近時の働き方の多様化によって、法的な労働者というカテゴリーはかつてほど普通のことではなくなってきている。さらに、コロナ禍でのテレワークの経験が象徴するように、「会社に定時に出勤して退勤時間まで働く」という典型的な労働の概念自体も揺らいでいる。

そしてこの先、AIが活躍する場面がいっそう広がり、働き方がいっそう多様化すると、あなた自身が勤務先から、「来月から契約形態を切り替えますね。仕事内容に特に変更はないから気にしないでください」と通告され、知らず知らずのうちに「自営業者」として働いていることも十分に考えられる（あるいはそれはあなたの配偶者や子や、孫かもしれない）。二〇五〇年には労働人口の半数がAIに置き換えられるという推計結果が世間を騒がせたことがある。決してこれは「私には関係のない話」ではない。

†「労働者」と「自営業者」

ここで、これまで特に注意せず用いてきた「労働者」「会社員」「自営業者」「フリーランス」などといった言葉について、本書での用語法を定義する必要がある。これらの言葉は日常用語でも法律用語でも、非常に多様な意味で使われているからである。

本書では「労働者」と「自営業者」を対比的に扱う。対比の視点は、どのような社会保障の適用を受けるかである。

まず、会社などに雇われて働く人、正確に言い換えると会社と労働契約（雇用契約とも言う。以下同じ）を結んで働く人のことを、会社員、被用者、被雇用者、労働者などと呼ぶことがあるが、本書ではこれらをまとめて「労働者」と呼ぶ。本書にとって重要なのは、これらの労働者が、雇い主を通じて年金や医療などの社会保険に加入する点である（この点はすぐ後に詳しく述べる）。

労働者かどうかは、仕事の中身（肉体労働か事務仕事か、専門的な仕事かなど）には関係なく決まる。例えば医師であっても、さらには芸術家であっても、病院や会社などと労働契約を結んで働く場合には法的には労働者である。

公務員は厳密には労働者と区別すべきだが、勤務先を通じて年金や医療などの社会保険に加入する点で共通するため、本書で「労働者」と言うときには公務員も含め、区別の必要があるときだけ言及する（本来は「労働者等」として「等」の部分に公務員を含めたいのだが、読みにくくなるので避ける）。

なお本書は、「法解釈上、労働者の範囲を可能な限り広げることによって、自営業者（の一部）に対する社会保障を手厚くすべきだ」というような立場をとらない。そのため、法律上の「労働者」の厳密な定義にも言及しない。この点は第四章で詳しく述べる。

次に、労働者と対比される存在として、本書では「自営業者」という言葉を使う。本書にとって重要なのは、これらの自営業者が、自分自身で手続きをして年金や医療などの社会保険に加入する義務を負う点、そして労災保険や雇用保険の適用を受けない点である。この中には、フリーランスとして複数の会社と取引している人や、個人で事業を行っている人（個人事業主）、誰にも雇われずに農林漁業を営む人、プロスポーツ選手などが幅広く含まれる。法人成りをしているか否か、労働者を雇っているかどうかも本書では問わない。

このような視点に基づいた場合、非正規雇用の労働者をどう扱うかという問題がある。法的には、非正規雇用でも「労働者」であることに変わりはない。ただし社会保障の仕組みでは、一定の非正規雇用に対して、労働者のための制度が適用されない場合がある。さらに付け加えれば、正規の労働者であっても、勤務先の会社の規模が小さいがために、労働者のための制度が適用されない場合もある。よって本書で「自営業者」というときには、一定の非正規雇用労働者や零細企業に勤務する正規労働者など、労働者向けの社会保険に加入できない労働者も念頭に置くこととし、区別の必要があるときだけ言及する。

それでは、このような意味での労働者と自営業者において、具体的にどのような社会保障の差異があるのだろうか。

†日本の社会保障の体系

本章の冒頭では、最もわかりやすい例として老後の年金の問題を取り上げた。しかし、社会保障は想像以上に私たちの生活の隅々にまで関係しており、自営業者と労働者との差は決して老後の年金だけにとどまらない。以下で、この点を網羅的に眺めてみたい。

図表1－1に示すように、日本の社会保障は、社会保険、社会手当、社会福祉サービス、公的扶助の四つの制度から成立している（なお、これらの用語法は学問分野によって異なり、本書では社会保障法学の用語法によっている）。このうち、労働者と自営業者で適用関係が変わるのは、社会保険である。

求人票に「社会保険あり」「社保完備」と書かれることがあるように、世間一般で呼ぶところの「社会保険」という言葉は、労働者に適用される厚生年金と健康保険のセットを指すことがある。しかしながら学術的な意味での社会保険はより広い意味であり、年金保険、医療保険、労災保険、雇用保険、介護保険の五つの仕組みから成る。

社会保険の最大の特徴は、強制適用という点である。つまり、その人の働き方や住所などの要因で加入すべき社会保険が自動的に決まるのであり、本人には選択の自由もなく、加入を拒否する自由もない。

図表1－2に示すように、介護保険だけが、本人の働き方とは無関係に、四〇歳以上の国民全員（一定の外国人も含むが、以下ではこの点は省略する）に適用される。つまりそれ以外の四つの社会保険は、すべて労働者と自営業者とで適用される内容が変わったり、そもそも適用がなかったりする。

以下では、これら四つの仕組みについて、適用される内容が変わったりそもそも適用がなかったりすることが、自営業者に対してどのような影響を与えるかということを、一つひとつ具体的に確認していきたい。

図表 1-1　日本の社会保障の体系

	社会保険 みんなから保険料を集めて、何かあった人にお金などを給付する	社会手当 保険料なしで、何かあった人にお金を給付する	社会福祉 税金をもとに、困った人にサービスを給付する	公的扶助 税金をもとに、困窮した人にお金やサービスを給付する
含まれる法律の例	医療保険 年金保険 介護保険 労災保険 雇用保険	児童手当 児童扶養手当 特別児童扶養手当	障がい者福祉 児童福祉 高齢者福祉	生活保護
具体的には…	老後の生活費 遺族の生活費 老後の介護 仕事中のケガ 失業したとき…	子どもが生まれたとき ひとり親になったとき 子に障がいがあるとき	障がいがある人の日常生活 子どもの保育園 …	生活に行き詰まったときの、憲法25条に基づく「最後のセーフティネット」

出典：筆者作成

図表 1-2　日本の五つの社会保険と労働者・自営業者

	労働者	自営業者	具体的な差異
老齢	厚生年金	国民年金	年金の支給額、保険料の徴収方法
医療	健康保険	国民健康保険	入院中、 産休中の生活費の保障
失業	雇用保険	（適用なし）	失業時、育休・介護休業中の生活費の保障
労災	労災保険	（適用なし）	仕事が原因の傷病や死亡などに対する補償
介護	介護保険	介護保険	働き方による差異なし

出典：筆者作成

2 公的年金における違い

†公的年金の構造と老齢期の差

最初に、本章の冒頭でも触れた、社会保障としての年金（公的年金）を取り上げる。

日本の年金保険は「二階建て」と言われることがあり、そのうち一階部分の国民年金は、国民全員に（強制的に）適用される。その上で、働き方によって、二階部分に加入する人と、一階部分にのみに加入する人が分かれる。自営業者であれば一階部分の国民年金にのみ加入するのに対して、労働者であれば国民年金に加えて、二階部分として厚生年金にも（強制的に）加入する。

国民年金では、本人の収入額にかかわらず毎月一定の年金保険料を納める（二〇二四年度は月額一万六九八〇円）。これに対して厚生年金では、本人の給料の一八・三％が年金保険料となり、勤め先経由で徴収される。ただしこの際、勤め先が半額負担する義務を負うため、最終的に本人の負担は九・一五％になる。

このように、国民は必ず、少なくとも一つの公的年金に加入することになる（いわゆる国民皆年金。詳しくは第二章で述べる)。

公的年金の中で、最もイメージが湧きやすいのは、老齢期(原則六五歳以上)に給付される老齢年金だろう。本章の冒頭でも触れたとおり、国民年金の老齢基礎年金では、平均的な給付額が月額五・五万円であり、厚生年金の老齢厚生年金では、平均的な給付額が月額一四・五万円である。この金額の差は、先に触れたような老齢期以前の年金保険料の拠出方法に違いによって生じる。

老齢年金における金額の差は、単純に本人の老齢期の生活費だけに関係するというわけではない。例えば、本人が要介護状態になったときに介護施設に入れるか、病気になったときに病院の受け控えをしなくても済むかなど、ほかの社会保障の権利にも関わる。老齢年金だけで本人の生活が立ち行かないということであれば、その子どもや孫の世代、さらには親類などから援助を受けざるを得ない。

このように、労働者か自営業者かという働き方の違いからくる年金の適用関係の違いが、本人にとどまらない影響を与えることがある。

そうであれば、自営業者は資産形成をすればいいではないか、貯金をすればいいではないか、と思われるかもしれない。もちろんそれらは、一つの重要な選択肢である。

ただし、たとえば投資による資産形成には元手がいるし、手間もかかる。さらに当然失敗するリスクもあり、常に資産形成が成功するとは限らない。

では貯金はどうか。元本割れが生じないため、最も安定的に見えるが、長期的に生じる物価の上昇には対処することが難しい。これはいわゆるインフレリスクの問題で、働いている時期に貯めていた一〇〇万円が数十年後の老後に同じく一〇〇万円として残っていても、物価の上昇により当初と同じ一〇〇万円の価値を維持しているとは限らない。

これらの点を除いても、自営業者に、労働者との老後資金の差額二八八〇万円（あるいは五七六〇万円）を自力で形成することを求めるのは制度として公平なことだろうか。

†同業者同士での対応の限界

ここで、国民年金しか適用されない自営業者の中では、個人での資産形成や貯金による対応の他に、同業者同士が協力することによって対処をしようという試みがいくつか見られる。しかし、自営業者らの団体によるこのような試みが、十分に公的年金の不足をカバーしていると言えるか。残念ながら、そこにはいくつかの限界がある。

第一に、これらの仕組みは本質的に任意のものである。先ほど言及したように、社会保障としての公的年金は、強制加入性を最大の特徴の一つとしている。強制性を欠く仕組みではどうしても漏れが生じてしまう。任意の仕組みだと加入しない人ほど、将来的にその仕組みが必要な状況に陥るかもしれない。

第二に、終身性の確保が困難である。公的年金における老齢年金は、本人が亡くなるまで一生涯、給付が続く。これに対して、民間の仕組みでは、一五年や二〇年など給付期間の上限が定められているものがほとんどである。老齢期の寿命が一年異なるだけで、場合によっては数百万円単位での生活費が必要となることを考えれば、給付期間の上限がある仕組みでは、いわゆる「長生きリスク」に対処することができない。

第三に、業界による取り組みの差が大きいことである。経済規模が大きい業界でしか、同業者間での年金給付の仕組みを設けることは難しい。また業界によっては、この問題に対してどのように考えるかが異なることもある。例えば仏教の専門雑誌である『月刊住職』の二〇一八年八月号を見てみると、住職の老後の生活保障が重要だという認識は関係当事者の間で共有されているが、宗教法人を厚生年金の適用対象とすべきであるという議論には、宗教法人側から非常に強い抵抗感が示されている。

第四に、独自の仕組みを設けたとしても、国の政策動向や経済動向によって、その制度の運営が立ち行かなくなるというリスクがある。例えば、日本のプロ野球界にかつて存在した選手年金制度はこの点に苦しんだ。

そして第五に、老齢以外の年金への対応が非常に困難である点がある。筆者としては、この点が最も大きな問題であると考えている。「年金」と聞くと、「年（歳）をとったときにもらうお金」という印象があるかもしれないが、年金の法的な定義は「一年を単位として定期的に受け取ることのできる金銭」である。実際に、公的年金が給付されるのは老齢期だけではない。例えば障がいを負ったときには障害年金を、早ければ二〇歳から、一生涯受け取ることができる。さらに家計の担い手が亡くなった場合にも、遺族は「遺族年金」を基本的には一生涯受け取ることができる。

この障害年金や遺族年金に関しても、自営業者が加入する国民年金と厚生年金とでは、金額や保障範囲に大きな差がある。老齢年金における両者の差に関しては、これまで紹介したような業界における対応によって一定程度カバーできるとしても、遺族年金や障害年金の差をカバーするには至らない。結果として、個々人による貯蓄や投資、民間保険商品への加入のような対処に委ねられることになる。

しかも、生きている限りあらゆる人に訪れる「老齢」に比べて、「障害」や「家計の支え手の死亡」は突発的に生じることが多く予測が困難であるため、自力で備えることは非常に難しい。

3 医療における違い

†公的医療保険の構造

続いて、労働者と自営業者の、社会保障としての医療保険（公的医療保険）における違いを確認していきたい。

公的医療保険は、主に医療を受ける場面で使われる社会保険である。私たちにとって最も身近なのは、三割負担で診察や治療を受けられることである。日本では、国民誰もがいずれか一つの公的医療保険に必ず（強制的に）加入する仕組みがとられている（国民皆保険）。

先述した公的年金における国民皆年金では、自営業者は一つだけであるのに対し、労働者は二つの公的年金に加入する仕組みになっていたが、公的医療保険における国民皆保険では、国民全員は必ずいずれか一つだけの医療保険に加入する仕組みになっている。基本的に、自営業者は「国民健康保険（国保）」に加入し、労働者は「健康保険」に加入する。

それでは、労働者と自営業者とで公的医療保険にどのような違いがあるのか。

かつては、治療費の一部負担金の割合について、自営業者の加入する国民健康保険は五割負担である一方で、労働者の加入する健康保険は自己負担なしというように、一部負担金の割合が異なる時代があった。しかし現在では、両制度とも原則三割負担で統一されている。つまり、治療のための医療費の全体が五〇〇〇円だとすると、医療機関の窓口で本人が支払うのは一五〇〇〇円であり、この点では労働者と自営業者の違いはない。

これに対して、現在でも残る違いは次の二点である。そもそもこれら二点が医療保険でカバーされること自体に少し驚かれる読者もいるかもしれない。

第一に、私生活上の怪我や病気で仕事を休まざるを得なくなった場合の、所得の保障の有無である。これが「傷病手当金」という給付である。労働者が、私生活上のけがや病気などで休業することになり、その間勤務先から給料が支払われなくとも、最長で一年半、給料の六割程度が傷病手当金として給付される。これに対して自営業者の国保の場合、傷病手当金を実施している市町村はないため、自らの貯蓄などで対処するしかない（ただし、コロナ禍の間の特例については第二章で紹介する）。

第二に、出産の前後に仕事を休む期間（産休中）の収入のカバーの有無である。これが「出産手当金」という給付である。労働者の場合、産前産後の休業中も、給料の六割程度が出産手当金として給付される（なおわかりにくいことに、育児休業中の所得保障は雇用保険が実施する）。これに対して、自営業者の国保には出産手当金の仕組みもないため、自らの貯蓄などで対処するしかない。

以上のとおり、労働者と自営業者との医療保険では、安心して治療や出産に専念するための所得の保障に大きな差がある。

†自営業者への対応

ただし自営業者の中でも、民間保険の活用のほかに、公的医療保険の枠組みのなかで、これら二つの給付がないことに対応しようとする動きはある。具体的には、「国民健康保険組合（国保組合）」による独自の給付である。

国保に加入している自営業者のうち一定の同業者の団体が、各市町村・都道府県の運営する通常の国保とは別に「国保組合」を設立しており、そちらで公的医療保険の給付を受けることができる仕組みである。国保組合は全国に一六〇ほど存在し、例えば筆者の住む福岡県には、福岡県近郊で自営業者として働く医師が加入できる「福岡県医師国民健康保険組合」がある。また、四一の都道府県に住む、自営業者として建設業に従事する人が加入できる「建設連合国民健康保険組合」というものもある。

国保組合は、通常の国保と同じ給付をする法的義務を負うが、他方で加入者から徴収する保険料の金額を独自に設定することができる。さらに、通常の国保では実施されることのほぼない傷病手当金や出産手当金も、独自に実施することができる。実際に、いくつかの国保組合ではこれらの両方あるいは片方を給付している。

この国保組合は、自営業者にとって魅力的な仕組みに思えるが、やはり、これも任意加入である以上、本人の意思によって加入するかどうかが決まる。さらに実は、一九六三年の旧厚生省の通達により、国保組合の新規設立は認められないことになっている。そのため、たまたま自分の働いている場所や業種で国保組合が設立されていた場合には、現時点からでもその国保組合に加入することができるが、そうでなければ通常の国保に加入し続けるしかない。その場合、傷病手当金や出産手当金は諦めるほかない。

4 失業時・雇用継続対策における違い

†雇用保険の適用関係による違い

つぎに、雇用保険の適用の有無について考えたい。かつて日本には「失業保険」という名称の仕組みが存在したが、一九七〇年代に失業後だけではなく失業前から受給可能な給付も追加する制度改正が行われ、名称が「雇用保険」へと変更された。一部の非正規雇用を除き、基本的に労働者であれば雇用保険の適用を（強制的に）受ける。他方で自営業者には雇用保険は適用されず、本人が望んだとしても加入できない。

雇用保険が適用されないことの具体的な問題は、つぎのような場合に現れる。

最も大きな点が、失業時の生活保障である。雇用保険に加入していれば、失業する前の半年間の本人の平均給料の五割から八割程度を、三ヵ月から最長で一年程度、雇用保険の「求職者給付」として受給しながら、再就職先を探すことができる。

これと関連して、再就職を目指す面接のための旅費や、再就職が決定した場合の引っ越し費用（家族分含む）も雇用保険から支給される。もちろん、雇用保険の適用されない自営業者にはこれらの給付はない。

さらに、育児休業中や介護休業中の収入の保障の有無である。これらが雇用保険によってカバーされることを少し不思議に思われる読者もいるかもしれない。特に、子育てに関する収入保障について、産休中は健康保険でカバーされるが、育休中は雇用保険でカバーされるというように役割分担がややこしく、筆者自身も混乱することがある。

労働者であれば、育休中や介護休業中も、上で述べた失業時の求職者給付と同じく、休業前の平均給料の五〜七割ほどの金額を、休業中の生活を支えるために一定期間受け取ることができる。自営業者にはこれらの給付はない。

†求職者支援制度

このように、失業や休業に関して、雇用保険の適用の有無は当事者の生活に大きな違いをもたらす。しかしながら、自営業者も利用可能な、雇用保険の代わりになる仕組みがないわけではない。

求職者支援制度は、一定以下の収入状況にある雇用保険の対象外の人を対象として、無料の職業訓練を受講することを条件に、月額一〇万円の生活費（返還不要）を給付する仕組みであり、自営業者も利用できる。とはいえ、この求職者支援制度も雇用保険と同程度の保障内容を備えているわけではない。先述のとおり、給付金の金額が雇用保険の求職者給付の金額とは大きく異なっている。さらに、収入状況や資産の状況など、受給が許されるための条件も雇用保険と比較してかなり厳格である。

無料の職業訓練は、雇用保険でも求職者支援制度でも受けられる（両制度とも、実は失業していなくとも受給ができる）。しかし、雇用保険の方が選べるメニューが幅広い。

さらに雇用保険には、大学や大学院、専門学校などの受講費の一定割合を補助金として給付する仕組みもある。例えば、仕事をしながら夜間の大学院に通ってＭＢＡを取得したり、法科大学院に通って司法試験の受験資格を得たい場合、雇用保険から最大七〇％の学費の援助を受けることができる。このような給付は求職者支援制度には存在しない。

つまり、生活費保障と職業能力の向上のいずれの点でも、求職者支援制度が雇用保険と同等の機能を提供しているとは言い難い。

5 労働災害における違い

†労災保険という仕組み

最後に、労災保険について考えたい。

労働者と自営業者との社会保障の差を考えるにあたって、最も大きな違いが労災保険の適用の有無かもしれない。労災保険は、仕事・通勤が原因の事故・病気に関する治療費や入院費だけでなく、それによって仕事を休まなければいけない期間の所得も保障する。さらには、仕事中・通勤中の事故や病気によって労働者に障害が残ってしまった場合や、労働者が亡くなってしまった場合に、本人や遺族に生涯にわたる年金給付を行うなど、カバー範囲が広く、しかも手厚い。

見過ごされがちな点を確認しておくと、通勤が原因の事故や病気もカバーされている点が重要である。さらに労災保険では、正社員（正規雇用）か非正規雇用かという違いは一切関係なく、雇用契約を結んだ労働者である限り保護を受けることが可能である。筆者の講義を受けていた学生の中にも、アルバイト先でのケガで労災保険を利用した学生が少なくない（逆に、職場で起きた労働災害をバイト先が「なかった」ことにして、労災保険を使わせない「労災隠し」という違法行為にあってしまった学生も数名いた）。

しかし反対に、いくら真面目に働いていようとも、そして保障の必要性が高くとも、法的に「労働者」に該当しなければ労災保険は適用されない。例えばスマホアプリでマッチングを受けて働く配達代行者やフリーランスは労働者に該当しないとして、現時点では労災保険の適用を受けていないという事実が、メディアでも広く報道されている（なお、労働者ではない人が対象となる労災保険への「特別加入」という論点については後述する）。

さらに労働者の中でも、近年の副業解禁の流れも相まって、従来の働き方（労働契約）から、「業務委託契約」へと切り替わっている労働者も多い。その場合には、本人の気づかないうちに労災保険の適用がなくなることもあり得る。

結果として、同じ職場で机を並べて働いている二人が、同じ時間に同じ原因で怪我をしても、一人には労災保険が適用され、もう一人には適用されないということがある。その場合、二人のその後の人生は大きく分岐する。以下でその具体的な内容を見てみたい。

†労災保険の適用の有無による違い

まず、医療費については次のような違いが現れる。

労働者の場合、仕事や通勤が原因の事故や病気に対する治療費・入院費は、通常の健康保険ではなく労災保険によって対応され、自己負担は三割ではなくゼロになる（入院中に個室を選んだ場合の料金などは例外的に自己負担になる）。これに対して自営業者の場合は、仕事や通勤が原因であっても、通常通り国民健康保険（国保）を使って、三割負担で治療・入院をすることになる。このように、医療費の負担に関して大きな差が生じる。

つぎに、入院などにより仕事ができない期間の収入の保障についてもまったく異なる。労働者の場合、私生活上の怪我や病気が原因なら、先述のとおり、健康保険の傷病手当金を受けることになるが、仕事や通勤が原因の場合には、労災保険から休業補償給付や傷病補償給付を受けることとなり、よりいっそう手厚い（高額の）保障が行われる。これに対して、自営業者の場合には労災保険の適用がなく、また国保に傷病手当金がないことから、社会保障制度による休業中の収入保障は存在しない。

さらに、仕事・通勤が原因の怪我や病気で障害が残った場合、労働者には労災保険から障害補償給付が実施される。この給付は障害等級一四級まで広くカバーしており、そのうち七級までの重い障害は一生涯の年金給付が受けられる。その上、労働者は厚生年金に加入しているので、障害等級三級までに該当すれば障害厚生年金も受給（労災保険と併給）することができる（ただし併給時は労災保険が一定割合で減額される）。これに対して自営業者の場合、障害に関しては国民年金の障害基礎年金が適用されるのみである。労災保険や厚生年金と比較すると金額も低く、そもそも保障範囲も障害等級二級までと狭い。

最後に、仕事・通勤が原因で本人が亡くなった場合の保障である。労働者の場合、労災保険から遺族補償給付が給付され、遺族は一生涯、年金の給付を受け取ることができる。さらに労働者であれば、厚生年金から遺族厚生年金も受け取ることができ、その上、一八歳未満の子が遺族の中にいた場合には、遺族基礎年金も受け取ることができる。このように、労働者の遺族が最大三項目の年金を受け取ることができるのに対し、自営業者の遺族は、一八歳未満の子がいる場合に遺族基礎年金（もしそのような子がいなければより金額の低い寡婦年金・遺族一時金）を受け取ることができるのみである。

†労災保険への特別加入

ただし自営業者の中には、労働者と非常に近い働き方をしており、労働者と同じくらい保障の必要性が高い人もいる。例えば、労働者と同じように現場に出て作業をする中小企業の社長や、自分でトラックを所有して運送業に従事する人、「一人親方」として建設業に従事する人などである。このような場合、労働者ではないからといって労災保険の保護が受けられないのはあまりに酷である。そこで一定の自営業者にも、労災保険に任意で加入できる道が開かれている。それが労災保険の「特別加入」の仕組みである。

自営業者のうち一定の職業・働き方の人は労災保険に特別加入することができ、それによって労働者と基本的に同じ保障を受けられる。従来は、中小企業の事業主、一人親方などの自営業者およびその家族従事者、農業関係など特定の作業従事者、アニメーター、芸能関係に従事する人など、特別加入が可能な職業が法令に列挙されてきた。これに対して二〇二四年の一一月から、企業などと業務委託契約を結んで働くような、いわゆるフリーランスの人が、広く特別加入の対象に加えられた。これは歴史的に大きな転換である。

このように、労災保険では一定の範囲で、自営業者に対する配慮が示されている。

ただし、この特別加入はあくまで例外的なものであり、自営業者の中でも法令の定めに該当しない場合には対象とならない。また通常の労働者とは異なり、保険料は全額、加入者本人が負担することになる（通常の労働者の場合、労災保険の保険料は全額会社が負担するため、本人の負担はゼロである）。さらに、特別加入が認められるためには、その同業者の特別加入に関する事務を取りまとめる団体が存在することが必要である。業界によっては、このような事務作業をする団体を用意することが難しく、その場合には特別加入はできない。そしてそもそも、特別加入制度の認知度が低いという問題もある。

なお、特別加入は労働者でないことを前提とする制度であるため、特別加入の活用にためらいが生じる場合もある。「自分は労働者である、よって労働者を対象とするすべての法律上の保障を求める」という主張を展開しようとする人にとっては、労災保険への特別加入は自己矛盾であり、雇い主に対して自らを労働者であると認めさせる上での障害になりかねないと感じられるからである。

このように労災保険への特別加入は、法的にみても、また当事者の心理面からしてもハードルが高く、自営業者への保護としては決して十分なものではない。

以上、公的年金から労災保険まで、四つの社会保険制度における、労働者と自営業者の扱いの違いを確認した。次に生じる疑問は、なぜそのような大きな差異が生じているのか、という点である。社会保障が憲法上の生存権に基づき、すべての人の健康で文化的な生活の保障を掲げるのであれば、働き方に基づく格差は許されないのではないか。

ただしこの差異にも、それぞれの経緯と理由がある。次章では、各制度の歴史や理論を探ることで、以上のような差異の理由を明らかにしたい。

第二章　なぜ働き方で分立しているのか——四つの社会保険

1　制度がつくられた時代

†戦後日本の就業構造

第一章で、労働者と自営業者という働き方の区分による、社会保障の格差を検討した。自営業者の視点からすると、なぜ労働者だけが手厚い保護を受けるのかという疑問をもつだろう。また、近い将来において情報技術がいっそう発展し、働き方がさらに多様化するという本書の見込みが正しければ、現状のように労働者か自営業者かで分立した社会保障では、すべての人への健康で文化的な生活の保障が達成されないおそれがある。

ただ、現状のように労働者に対する保障を手厚くし、それを社会保障制度の中核に据えるという仕組みには、少なくとも制度形成時点においては何らかの合理的な根拠があったはずである。そしてそれが現在まで半世紀以上にわたって、社会経済的な環境が変わったにもかかわらず維持されてきた背景にもまた、何らかの理由があるはずである。

そこで本章では、働き方によって対象が異なっている社会保障、具体的には公的年金、医療保険、雇用保険、労災保険という四つの社会保険制度について、制度が設計された時点における分立の理由と、その後の制度改正時に分立が維持されてきた理由を確認する。

ここで、当時の社会保障制度はその当時の社会情勢を前提として形成されたのであるから、戦後の社会保障確立期における、雇用や自営業をめぐる歴史的な展開を大まかに把握しておく必要がある。

図表2-1は、一九五六(昭和三一)年から四年ごとに行われている「就業構造基本調査」の内容をグラフに直したものである。一九五六年当初から、四つの社会保険制度がおおよそ確立した一九七四(昭和四九)年までを抜き出したうえで、社会情勢の比較のために、平成最初の調査結果である一九九二(平成四)年と、最新の結果である二〇二二(令和四)年のものを掲載している。調査では「雇用者」となっているが、本書の用語法の「労働者」に直している。

一九五六年から一九七四年までの間、自営業者は有業者のうちの二割前後を占めていた。

図表2-1　有業者総数に占める労働者・自営業者・家族従事者の割合

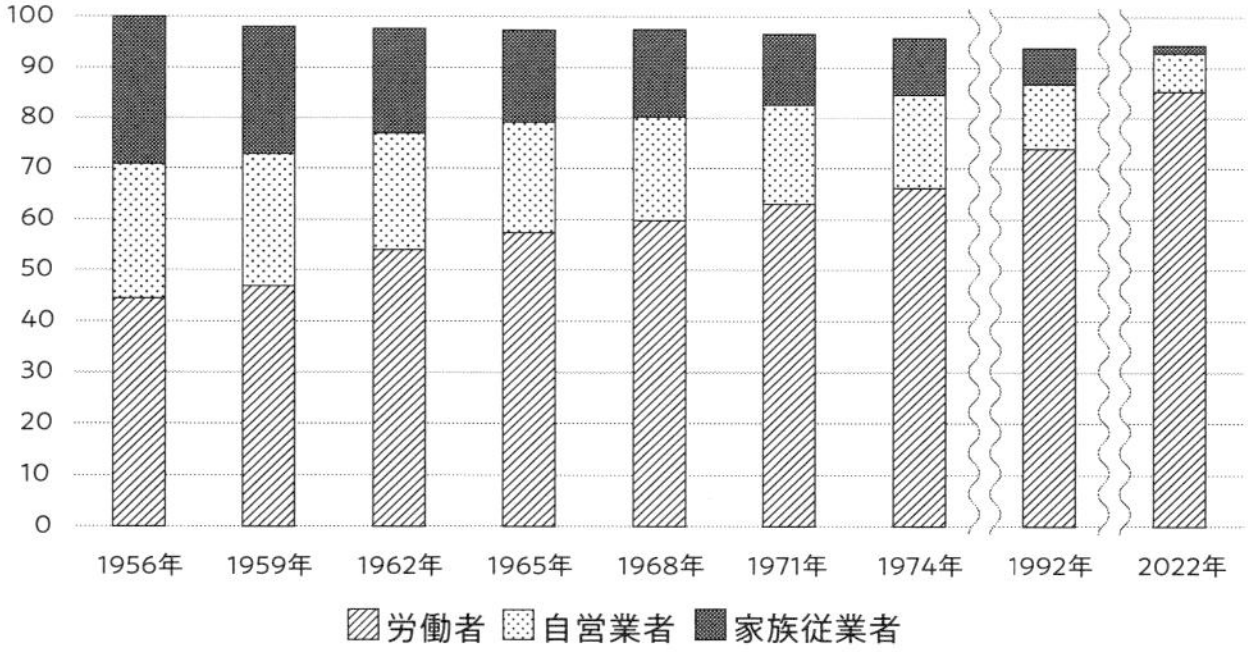

注：1956年の「労働者」は「会社などの役員」を含む。それ以外の年で「労働者」、「自営業者」、「家族従業者」の合計が100％にならないのは、「会社などの役員」を除外しているため。
出典：就業構造基本調査「男女、従業上の地位、雇用形態、産業別有業者数（昭和31年～令和4年）」（2023年7月更新）より一部を抜粋・改変したうえで筆者作成。

その後は自営業者の割合は減少していき、二〇二二年では八％となっている。

さらに、現在と一九五〇～六〇年代を比較した場合の顕著な特徴は、「家族従業者」の存在感の大きさである。家族従業者は、二〇二二年では有業者のうちの二％に過ぎないが、一九六〇年代までは有業者のうちの三割から二割を占めるほどであった。

†農林業が中心だった時代

それでは、当時の自営業者と家族従業者の内実はどのようなものだったのか。これら両者を合わせた割合と、そのうち農林業に従事している割合を示したのが、図表2-2である。

図表 2-2　働き方の実態の推移

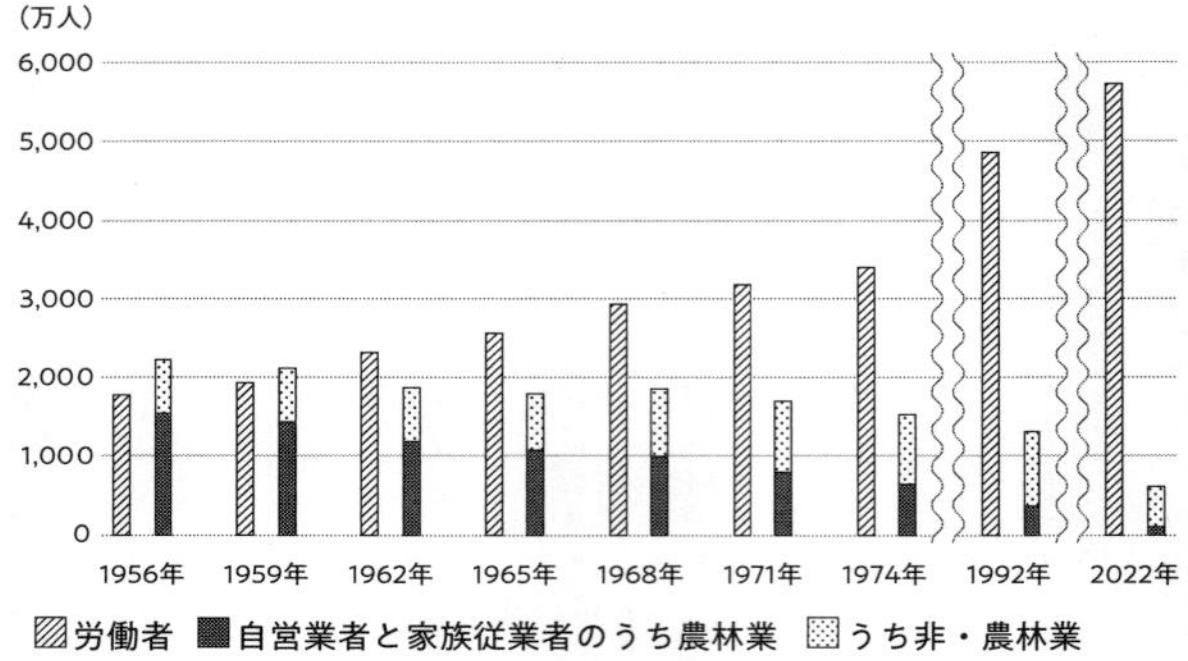

出典：就業構造基本調査「男女、従業上の地位、雇用形態、産業別有業者数（昭和 31 年〜令和 4 年）」（2023 年 7 月更新）をもとに筆者作成。

この表からわかるとおり、一九五〇年代には、労働者という働き方よりも家族で行う自営業の方が多かった。この数は一九六〇年代には逆転するものの、家族で行う自営業は、一九六〇年代は有業者数のうちの四割、一九七〇年代でも三割を占める。

さらに家族で行う自営業の中身は、一九六〇年代までは六割が農林業であり、一九七〇年代に入っても農林業が四割を占めている。

これらのデータを見る限り、戦後、日本において社会保障が形成され確立されていく時期における中心的な自営業とは、家族で行う農林業であったことがわかる。

以上のような内容を前提として、社会保障がなぜ労働者と自営業者で分立してきたかを考えてみたい。検討にあたっては、制度の形成や改正時の国会の議事録から、議員や政府関係者の発言を引用する。

本章の検討対象が自民党長期政権の時期であることもあって、政府の立場は基本的に一貫している。本文中で、働き方による制度の分立の根拠として引用するものは政府側の答弁であるため、党派性などの影響は受けないと考えてよい（ただし現行制度への批判を引用する場合には、発言者の所属政党の支持母体との関係、党派性が現れている点に注意する必要がある）。

第一章と同様、まず取り上げるのは公的年金である。

2 公的年金はなぜ分かれたか――国民年金と厚生年金

†公的年金の歴史

先述の通り、日本の公的年金には、国民年金と厚生年金とがある。なぜ公的年金がこの二つに分かれているのか考えるにあたって、まず公的年金の歴史を概観しておきたい。

日本の公的年金制度は、他の多くの国と同じく、軍人や官吏に対する恩給などの制度から始まった（ただし当初は社会保険方式をとっていなかった）。現在の公的年金に直接つながるのは、「民間労働者」（現在の労働者よりも狭い意味で、いわゆるブルーカラーを指す）を対象とした一九四一年の労働者年金制度である。一九四四年に、その制度の適用対象者が「職員」（いわゆるホワイトカラー）や女性にも拡大され、制度の名称も厚生年金と改められた。

この時点では、現在の国民年金のような、自営業者らのための公的年金制度は存在しない。その後、一九五〇～六〇年代にかけて、公務員や公社、私立学校の職員らを対象とする各種の共済組合（公的年金と公的医療保険の機能を併せて担う仕組み）が創設される。

一九五九年になってようやく、従来の公的年金の対象となっていなかった自営業者・農業者等のために国民年金制度が作られる。この時点で、労働者や公務員は厚生年金や共済年金など各種の公的年金制度に加入し、自営業者らは国民年金に加入することとなり、国民すべてがいずれかの公的年金に一つだけ加入するという形の「国民皆年金」が達成された。

一九八五年に、公的年金制度の抜本的な改革が実施され、国民年金の役割が大幅に変更された。日本国民全員が国民年金（基礎年金）に加入し、その上で労働者や公務員は厚生年金や共済年金などの公的年金に追加的に加入するという形である。その結果、自営業者は国民年金一つだけに加入し、労働者や公務員は国民年金（一階部分）に加えて各職域の公的年金（二階部分）に加入するという、いわゆる二階建ての公的年金制度が確立することになる（なお、各企業などが自主的に実施するいわゆる企業年金は法的には社会保障に含まれないので、「三階建て」という表現は社会保障法の観点からは適切ではない)。

その後、二階部分の各種の共済年金が徐々に厚生年金に統合されていき、二〇一五年の被用者年金一元化により、二階部分の公的年金はすべて厚生年金に統一された(結果として現在では、職域ごとの共済組合には公的医療保険の機能だけが残っている)。

このような歴史を経て、現在の日本では、日本国民全員が国民年金に加入し、労働者や公務員など雇われて働く人々は、国民年金に加えて厚生年金にも加入する形がとられている。つまり、自営業者・個人事業主は国民年金のみへの加入であるため、自営業者と労働者・公務員の間で老後の年金額において月額一〇万円ほどの差が生じることになる。

以上のことを念頭に、制度の創設や改革の節目では自営業者と労働者(公務員)との年金の違いがどのような理屈によって正当化され、働き方を問わない単一の公的年金というアイデアはどう扱われたのか、議論の過程を見てみることにしたい。

†労働者年金の設立と厚生年金への改組

現在の厚生年金へと連なる労働者年金制度が創設される際、何が目指されていたのか。一九四一年二月八日の衆議院本会議において、当時の厚生大臣である金光庸夫《かねみつつねお》は、労働者年金制度の提案趣旨を次のように述べている。

思うに労働者は、自己の労働能力をもって生活維持の唯一の手段としているのでありまして、老齢、廃疾および死亡等、その労働能力を減退または喪失せしめまする事故は労働者にとりましては、その生活を不断に脅かすものであります。

その四日後の二月一二日の委員会では、委員から、農民に対してもこのような年金保険の仕組みを作るつもりがあるかという質問があった。これに対して保険院長官の樋貝詮三《ひがいせんぞう》は、将来的にもちろん実施したいという考えは持っているが、農民と工場労働者とは大きく異なっているうえ、農民と一口に言っても自作農、小作農、労働者的農民など事情が様々であることから、現段階では技術的に難しいと回答している（二月一九日の貴族院委員会でも同様）。

また同じく二月一二日、「老若男女を問わず、全国民を対象とする年金制度」を創設する意思がないか、という質問がなされたが、樋貝は、国庫負担の必要などを考えるとそれは遠い理想であり、すぐには実現できない、まずは差し迫った問題から片付けていきたいと述べている。

そして一九五四年、現在へと続く厚生年金制度が新たに制定された。この時点では、自営業者らを対象とする公的年金（現在の国民年金）は存在していない。そのため、厚生年金の制定時の国会での議論では、将来的に全国民を対象とする一元的な年金制度を確立する必要があるのではないか、という趣旨の質問が出された。

これに対して、厚生大臣の草葉隆円《くさばりゆうえん》、国務大臣の緒方竹虎《おがたたけとら》らは、自営業者らも加えた公的年金の統合は一つの目標ではあるが、各種の公的年金にはそれぞれの歴史、背景、特徴があるため、直ちにそれらを統一することは混乱を招くおそれがある、という趣旨の答弁をしている。

国民年金の設立をめぐって

一九五九（昭和三四）年に、厚生年金や各種の共済年金とは別建てで、それらに加入資格のない自営業者や無業者を対象とする国民年金が作られた。これにより国民皆年金が達成された。制定時の国会における議論では、厚生年金と国民年金の制度上の差異（支給開始年齢の差、保険料と給付額の算定方法）や、両者を別建てにしたことに対して多数の質疑応答がある。

まず、国民年金の被保険者の範囲を全国民とせず自営業者や無業者らに限った理由、ひいては一元的な年金制度を作らなかった理由について、厚生大臣の坂田道太《さかたみちた》は、「現行各種年金制度には、やはり、それぞれ独自の沿革や目的がございまして、簡単にこれを御破算にするということはできない」と答弁している（後述する小山も同様の立場である）。

次に、支給開始年齢についてである。現在とは異なり、当時、厚生年金の支給開始年齢は六〇歳であるのに対し、国民年金では六五歳という差があった。その根拠について坂田は、多くの場合五五歳程度で定年を迎える厚生年金や各種共済年金の被保険者と異なり、国民年金の被保険者である自営業者らは六〇歳になっても「所得を得ている場合がむしろ通例である」からだと答えている。

続いて、保険料と年金給付額の算定方法についてである。国民年金では、保険料も給付額も被保険者の所得にかかわらず一律に設定された（この方式は現在まで続いている）。他方で、厚生年金および各種共済年金では保険料、給付額ともに被保険者の所得に比例して算定される。このような算定方法の差異が、国民年金と厚生年金との給付額の差異につながる。

この点を疑問視する議員からの質問に対して、厚生省の初代年金局長であった小山進次郎《こやましんじろう》は次のように答弁している。本章の問題関心にとって重要なので長めに引用したい。

保険料の徴収において、フラット制をとっております点については、（…）これが非常にいい方法で、これだけが唯一絶対の方法だというような考え方は、現在においても私ども持ち合しておりません。できますならば、保険料の徴収においてもある程度報酬比例的な考え方が入る。それから給付におきましては、（…）多少の報酬比例に応じた給付の違いを生じさせる。（…）それはやはり最近のわが国の経験からいたしましても、あるいは世界の経験からいたしましても、どうもこういう方が望ましい、こういう考え方は今なお私ども立案者としても持ち合しているのでございます。ただ実情としては（…）、今度新たに国民年金制度の対象になりますのは農民層なりあるいは零細企業の企業主なりあるいは従業員等を考えますれば、概して言いますと、非常に所得が低くて、従来の徴税機構においては、多くの場合、税の徴収を免除されるという形で所得税を取られておらない人々が非常に多いのであります。現在のところ国税の徴税機構においては相当多くのものがとらえられております。町村の方ではどういうことになるかといいますと、（…）必ずしもそれが十分に行われておらない結果、市町村民税のうちで所得割というものがかなり不安定な、信頼度のかなり薄いものになっている、こういうような実情であったわけでございます。従ってこういうような状態において、報酬比例的な組み方をしていこうということになりますと、相当大規模な、たとえば現在の国税庁をもう一つ作るとかいう程度の、非常に大きいかまえをもって臨まないと、現状においては成り立ちにくい。

つまり小山をはじめとする国民年金の立案者は、保険料と給付額の算定について、自営業者らについても労働者と同じように所得に比例する仕組みが望ましいと考えていた。ただ、当時の社会の実情からして、国民年金の被保険者となる層の所得が一般的に低く、また所得の把握（捕捉）も困難であったため、所得比例制の採用を諦めたということである。

それでは、公的年金制度における厚生年金と国民年金の位置づけについてはどのように考えられていたのか。小山は、「やはり年金に将来依存しなくちゃならぬ度合いは、何といっても賃金生活者の方が多いだろうと思います」と答弁している。なお小山は、一九六二年の国民年金改正時の国会でも、厚生年金を公的年金制度の「根幹」「機軸」と位置づけており、まずは厚生年金を「りっぱなもの」にし、その上で「国民年金の充実をはかっていく」と答弁している。

以上に引用した以外の議論もおおよそ同様のものであり、総じて国民年金の制定時には、厚生年金などと国民年金の分立や差異についての議論は次のようにまとめられる。

①国民年金よりも前に、労働者向けの厚生年金や各種共済年金が「それぞれ独自の沿革や目的」をもって存在してきたのだから、それらを「御破算」にすることはできない。②

厚生年金の被保険者である「賃金生活者」＝労働者の方が、定年などの事情から高齢時の公的年金に依存する度合いが高いため、支給開始年齢も五歳早く設定する。③保険料および年金給付額については、労働者（厚生年金）も自営業者（国民年金）も同じく所得に比例する方式が望ましいと考えられるが、自営業者については所得の把握の困難性などの技術的な問題があるため差し当たっては断念した。

†自営業者の所得を把握するのは難しい？

以上のような議論を経て制定された国民年金法は、制定時から現在までに大小合わせて一五一回の改正を経ている。比較的大規模な改正時の国会での審議過程を追ってみると、少なくとも一九六二年の改正（第二次改正と呼ばれる）時点までは、制定時の議論（先述の①②③）とおおよそ変化がない。

ただ、国民年金でいわゆる「夫婦一万円年金」が実現した一九六六年の第三次改正では、先述の議論のうち③に関して変化が見られる。

当時の厚生省年金局長であった伊部英男《いべひでお》は次のような答弁を残している。

定額保険料、定額給付を維持するかどうかという点でございますが、この点につきましては、自営業者という対象者の所得の把握が非常にむずかしい、かつ、現在把握されておりますの状況でまいりますと、報酬比例制を採用いたしましても、きわめて少ない数の方が報酬比例で上のほうに入ることになるのでございまして、一割にも満たない計算に見込まれるので、この点から、やはり基本の制度といたしましては定額給付、定額保険料を維持してまいりたい、かように考えておるものでございます。

この答弁以外の箇所を見ても、国民年金制定時に小山らが表明していた、国民年金においても本来は所得に比例する方式を採用することが望ましい、という基本的な立場に修正が加えられている。

さらにこの③に関する修正が、先述の議論のうち②にも影響を与えている。参議院議員の藤田藤太郎《ふじたとうたろう》が、なぜ厚生年金と国民年金で「差別」をするのか、という質問をしたのに対して、厚生大臣の鈴木善幸《すずきぜんこう》は以下のように答弁している。

国民皆年金のもとにおけるところの年金制度は、私は本質的には給付の内容が究極において同じような平等な立場で行なわれなければならない、こう思うのであります。ただ（…）被用者保険でありますところの厚生年金、あるいは共済年金保険というのは、被保険者としての期間が雇用状態にある期間に限定をされておる。一方、国民年金の被保険者であるところの農漁民、あるいは自由業者という階層は、これは四十年、五十年とその生業に携わっておる人々でございます。そういう生活の実態、所得の実態から考えましても、やはりそれに即したところの年金制度というものが組み立てられていくことが私は妥当であり、適当である、こう考えるわけであります。

この鈴木の答弁に続いて、伊部も次のように付け加えている。

なお、御案内のとおり、国民年金制度は、いわば厚生年金でまいりますと定額部分のみの保険ということになるのでございまして、厚生年金は、このほかに報酬比例部分も含んでおる、(…)これらの点も御配慮を仰ぎたい点でございます。

鈴木の言う「生活の実態、所得の実態」、つまり自営業者には定年もなく、高齢になっても自らの生産手段により所得を得ているという議論は、国民年金制定当初は前述の②のとおり、厚生年金よりも支給開始年齢を五歳遅らせる理由とされてきた。逆から言えば、当時は、自営業者の「生活の実態、所得の実態」は、国民年金と厚生年金の給付額の差異を根拠づけるものではなかった（当時の時点で実態として生じていた給付額の差異は、前述の③のとおり技術的な問題で自営業者の所得の捕捉ができないことの結果であり、将来乗り越えられるべき過渡的な問題であると位置づけられていた）。

ところが第三次改正において、国民年金は定額給付、定額保険料が基本であり維持されるべきものと位置づけられたことに伴い、給付額の面での違いも構造上維持され続けることになる。そこで、鈴木や伊部の答弁に表れているように、従来は②支給開始年齢の違いを根拠づけるに過ぎなかった「生活の実態、所得の実態」が、③給付額の違いまでも根拠づける役割を担うことになっている。

†なぜ公的年金は分かれたか

これまでの内容から、公的年金制度において労働者と自営業者の制度が分立してきた根拠は、歴史的には次のようにまとめられる。

第一に、そもそも労働者向けの年金制度（労働者年金のち厚生年金、さらには複数の共済年金）が、自営業者を対象とする制度よりも先行して存在していたことである。それより遅れる形で国民年金を作る際に、既存の労働者向けの年金制度を「御破算」にして一元化すると仮定すれば、財源などの問題により給付水準をはじめとする条件は切り下げられるおそれがある。それは労働者らの理解を得られず「混乱を招く」ため、国民皆年金を達成する上で、一元的な年金という選択肢は現実的にはとりえなかった。

第二に、労働者と自営業者の働き方の違いである。勤め先からの賃金のみを生活の糧とする労働者の場合、定年後は生計を維持する手段を失うのに対し、生産手段を持つ自営業者であれば、一定年齢に達したことで直ちに収入を失うことはない。そのため、老齢年金の支給開始年齢に差を設けることは許される。

第二の点に関連して、厚生年金と国民年金における保険料および給付額の算定方法の違いは、制度形成当初は技術的な問題（自営業者の所得を把握することの難しさ）が解消されれば乗り越えられるものと考えられていた。しかしながら後年には、働き方の違いを根拠として正当化されている。

このような根拠は、本章冒頭で示した一九五〇～六〇年当時の時代背景を念頭に置けば、いずれも納得のできるものである。

国民年金制定前後の時期は、労働者人口よりも家族経営の自営業者の方が多く、さらにその自営業者の大多数は農林業に従事する世帯であった。家族経営の農林業では、農地などの「生産手段」があり、高齢になっても所得を得られるうえ、子世帯が同居し高齢の親の生活を支える場合もある。よって、定年退職により賃金という唯一の生活手段を失う労働者の方が、公的年金に依存する度合いが強い。むしろ、共済年金と比べて給付水準の低かった厚生年金をいかに引き上げていくかに主眼が置かれていた。

さらに一九五九年の国会の議事録には、「農村では、現金収入というものが時期的に限定されており、換物経済が柱となっている」との発言も残っており、労働者の場合のように所得を明確に把握することは技術上非常に困難であったと考えられる。そうすると、所得比例の保険料および年金給付の制度は断念せざるをえない。

以上のとおり、歴史的に見ると、制度形成時点において労働者と自営業者の公的年金制度が分立したことにも一定の合理性がある。

3 公的医療保険はなぜ分かれたか——国民健康保険と健康保険

†現在の公的医療保険

社会保険の中で最も制度が分立しているのが、医療保険である。公的年金の歴史と同様に、もともとは労働者に対する医療保険が確立し、その後追いで、自営業者らを対象とする国民健康保険が作られることで、国民皆保険が成立している。国民皆年金と異なり、国民皆保険では、現在まで一貫して、国民が加入する公的医療保険は一つだけである。

医療保険のうち、自営業者が加入するのは国民健康保険（国保）であるが、これは例えば「福岡市の国保」のように、都道府県と市町村（特別区である東京二三区含む）が共同して保険者を務めつつ、市町村（特別区）単位で運営されている。さらに、第一章で触れたとおり、本来国保の加入対象である自営業のうち一定の業種は、独自に「国保組合」を作っており、これに加入している人は市町村の国保からは外れる。

他方で、労働者が加入するのは「健康保険」である。勤務先の規模などに応じて、全国健康保険協会が実施する全国規模の「協会けんぽ」に加入する場合もあれば、勤務先が設立する「健保組合」に加入する場合もある。さらに、公務員や私立学校教職員などは各種の「共済組合」に加入する。読者各位が持っている保険証（被保険者証）に、それぞれ加入している医療保険の名称が記載されているので、確認してみてほしい。

そのうえ、年齢が七五歳以上になると、誰もがそれまで加入していた制度を脱退して、都道府県ごとの「後期高齢者医療制度」に加入することになる。

なお、医療保険の分野においては、以上のように多数存在する制度をすべて統合して単一の制度にまとめることを「（統合）一本化」と呼び、他方で制度自体は統合することなく、財政的な調整などにより制度間の給付と負担の格差を縮小する方針を「一元化」と呼ぶことが多い。本章の問題関心は労働者と自営業者の間の違いであるため、ここでは主に給付の内容に着目し、保険者の一本化・一元化の問題にはごく簡単に触れるにとどめたい。

高齢者医療制度を別とすれば、現在では、どの国保も健保・共済でも、医療機関で治療を受けた際の自己負担の割合は原則三割で統一されている。第一章で触れたとおり、労働者と自営業者の医療保険に関わる格差は、傷病手当金と出産手当金の有無である。

それでは、自営業者に対して傷病手当金と出産手当金が設けられなかったのは、いかなる理由に基づくのか。国民健康保険法の成立時、および改正時の国会での議論から、その理由を明らかにしたい。

†国民健康保険の制定・改正をめぐって

第二次世界大戦前から存在していた旧・国民健康保険が大きく改正されるかたちで、現行の国民健康保険（国保）が制定されたのは一九五八年である。これにより、従前から存在した労働者を対象とする公的医療保険に加入できなかった自営業者・無業者が国保でカバーされることになり、国民皆保険が達成された。しかしながら、この時の国会で傷病手当金などに触れる議論はほぼない。唯一確認できたのが、旧・国保法のもとで傷病手当金を実施する例があるかという質問に対して、市町村では実施例はないが国保組合では相当数あると答弁されたやり取りである。

一九五八年から現在まで、国民健康保険法は大小合わせて実に一一六回もの改正を経ている。この中で、比較的大規模と思われる改正（一九六一年の「第一次改正」をはじめ、日本法令索引のウェブサイトで「第〇次改正」と表記されているもの）における国会の議論を検討していくと、数は少ないながらも、傷病手当金・出産手当金について言及しているものがある。

一九六二年の第二次改正では、衆議院議員の滝井《たきい》義高《よしたか》（日本社会党）が、国民健康保険法と他の公的医療保険の間の格差を批判する趣旨で、以下のように述べている。

現実に与えられなければならぬ分娩費《ぶんべん》、出産手当、それから保育手当、埋葬料、こういうものが非常に低いということです。（…）出産手当なんというのは、国保にはないのですよ。日雇いにはあっても国保にはない。（…）埋葬料も低いのです。従ってこういう点は、生まれても、病気になっても、死んでも、他の保険に比べて国保というものは差別待遇を受けているということです。こういう点はあるわけです。だからこういうものの前進というものも、当然はかられなければならぬ。しかし一番大事な医療のことが前進しないのにこういうものを前進せしめるということは、これはどうも両手に花であって、欲ばりだと言われるおそれもあるから、しばらくあまり言いたくはないけれども、しかし一応こういうものもある、これもやらなければいかぬのだということだけは言っておきたいと思う。

滝井は、出産手当金（そして「病気になっても」という点からおそらく傷病手当金も念頭にある）などの金銭給付が国保では実施されていない、あるいは低額であることを問題視している。ではなぜ、当時の時点でこのことを指摘することが「欲ばりだと言われる」のか。

制定当時の国保では、医療を受けたときの自己負担割合が五割であった。それに対して他の公的医療保険では、例えば健康保険が加入者本人の場合は自己負担なし（加入者の家族の場合は別）であり、国保との差が大きかった。つまり、滝井が「一番大事な医療のこと」を「前進」させるというように、国保にとっては、傷病手当金や出産手当金のような所得の保障のための金銭給付よりも、まずは医療を受ける際の自己負担を他の公的医療保険と同じ水準までもっていくことが重要であった。

一九六六年の第三次改正でも、衆議院議員の吉川兼光《よしかわかねみつ》や八木《やぎ》一男《かずお》、参議院議員の藤田藤太郎（いずれも日本社会党）が、国保に傷病手当金や出産手当金がないことを問題視する発言をしている。これに対しては、厚生大臣の鈴木善幸らが、「この問題も当然取り上げて検討したい」「医療保険全体の抜本対策を考究いたします際の重要な課題として検討を進めたい」などと答弁している。

なお、この国会での議論の前提となっている、一九六四（昭和三九）年度の国保の被保険者世帯の割合については、厚生省保険局長の熊崎正夫《くまさきまさお》が「農林漁業水産養殖業、これが四二・六二％でございまして、その他の自営業者が二六・六四％。それから被雇用者が一八・一四％、無職が八・六六」と説明している。

国保の第四次改正は、第三次改正から二〇年余りを経た一九八五（昭和六三）年の改正である。その際、厚生省保険局長の下村健《しもむらたけし》は、「地域保険と被用者保険と二本立ての保険制度になっているわけでございますが、その根本的な理由としては、やはり雇用労働者とそれから自営業者、農民というふうな場合とでは就業の形が違うあるいは所得の形態も違うというふうなところが根本の理由としてあるわけでございます」と述べており、一般論として、自営業を対象とする国保と、他の公的医療保険との給付内容が異なることは当然と考えている様子である。

他方で下村は、国保における傷病手当金について以下のような答弁をしている。

被用者保険は、被用者はやはり被用者保険を適用すべきだ、給付の問題にしても、傷病手当金の例等がよく出るわけでありますけれども、やはり被用者である以上は被用者保険の体系に入れて、傷病手当金等もちゃんと給付されるべきではないか、これも一つの筋でございます。ということで、五人未満というのは、ここしばらくを通じた一つの基本政策のような形で、被用者については被用者保険を適用する。ただ、それだけでいきますと、国保の問題がいろいろ出てまいりますので、低所得者の問題でありますとかあるいは高齢者の問題でありますとかいう形で保険制度全体を通じた調整措置を講ずるとともに、被用者側については被用者保険を適用するということで現在は政策を進めておるわけでございます。

つまり、本来は健康保険の対象であるべき労働者でありながら雇用主の規模などの問題で健康保険に加入できず国保に加入している人々に、傷病手当金などがないことをどうすべきか、という点に対する問題意識は存在している。

一九九〇年の第五次改正における国会での議論では、このような傾向がより鮮明に表れている。参議院議員の沓脱《くつぬぎ》タケ子（日本共産党）が、国保に傷病手当金がない点を問題視する質問をした際、厚生省保険局長の坂本龍彦は以下のように答えている。

国民健康保険というのはサラリーマンを対象とした保険ではございません。傷病手当金というのはサラリーマンが休業したことによって賃金の支払いが行われなかった者に対する社会保障給付でございますから、国保としてはなかなかなじむケースが少ないのではないか。

ここでは端的に、傷病手当金は労働者の休業に対する給付であり、自営業者にはなじまないものとの考えが示されている。第四次改正における議論が継承されていると言えるだろう。

それでは、ここまで見てきた国保の制定・改正時の国会における議論はどのようにまとめられるか。

†なぜ自営業には傷病手当金等がないか

国保が成立した時期には、国民皆保険とは言いながら、医療費の自己負担割合などの点で国保と健康保険などとの間の、医療に関する給付（自己負担額）の差異が大きかった。そのため、両者の間の解消されるべき格差は何よりもまず医療に関する自己負担額であり、それらが実現しない状況では、傷病手当金のような所得保障のための金銭給付を求めることはある意味で「欲ばり」なことであった。

一九六〇年代には、厚生大臣や厚生省も、国保における傷病手当金などの問題を「検討」すべき「重要な課題」などと答弁している。ただし具体的に検討がなされた形跡は国会議事録からは発見できなかった。その理由は、一九六四年当時、国保加入者のうち農林漁業水産養殖業が四二・六二％を占める状況であり、本章冒頭で示した家族従業者の存在も考えると、病気・出産による休業時の所得保障としての傷病手当金・出産手当金を国保に設けることは、差し迫った問題ではなかったためと推測される。

以上のように考えると、国保の制度創設当初の時点で、傷病手当金などの所得保障給付が存在しなかったこともまた、歴史的に見て納得のいく理由がある。

一九八五年の段階では、傷病手当金・出産手当金は「サラリーマンが休業したことによって賃金の支払いが行われなかった者に対する社会保障給付」なのだから、自営業者にそれらが給付されないのは当然であると考えられている。その背景には、「就業の形」も「所得の形態も違う」という認識がある。

そのうえで、問題は、本来は労働者として健康保険に加入させるべきところ、勤務先が零細であるなどの事情から国保に加入させられている労働者（本書では第一章の定義で「自営業者」に含めている）に対して傷病手当金を給付すべきかどうか、という形で問われている。この方向性は一九九〇年の段階でも継承されており、逆から言えば傷病手当金が自営業者に給付されないことは半ば当然のことと捉えられているようである。

4　雇用保険はなぜ自営業者には適用されないか

†雇用保険とは何か

ここまで、公的年金と医療保険について、労働者と自営業者の差異の根拠とされるものを検討した。これに対して、ここから検討する二つの社会保険、すなわち雇用保険と労災保険では、理論的な問題が前面に出てくる。これら二つをまとめて法律上「労働保険」と呼ぶこともあるように、理論的に労働法との繋がりが非常に強く、労働者でない者に対象を広げるという発想が制度創設当初からそもそも含まれていないためである。この点を、まずは雇用保険について確認したい。

日本の現在の雇用保険の前身は、終戦後の大量失業問題に対応するために一九四七年に成立した、失業保険という名称の制度である。そして同制度は、制定直後の一九四九年に、適用範囲等が広げられるなど大幅に改正されている。

この失業保険制度の制定・改正に関わった労働省の官僚亀井光《かめいひかる》が、制度の趣旨を解説する書籍で次のように述べている。

そもそも失業という事故は、一八世紀から一九世紀にかけて起こった産業革命の結果、自己の労働力を提供して賃金を得る職業的労働者、いわゆる労働階級が生じたときから、特に社会的に問題となってきたのである。（亀井光『改正失業保険法の解説』日本労働通信社、一九四九年、一五頁）

このように、失業保険が導入された当初から、保障対象としての「失業」として、労働者の失業のみが念頭に置かれていた。

もちろん定義づけのあり方として、自営業者が廃業により職を失った状態や、フリーランスが依頼主から注文を得られない状況が続いている状態も「失業」と呼ぶことができそうだが、少なくとも当時の失業保険法は自営業者の「失業」を想定していない。それは本章の冒頭で示したような時代背景、つまり家族経営の自営業者が非常に多く、さらにそのうちの大多数は農林業に従事していた、という状況からすれば自然なことであった。

さらに同書では、次のような労働者観が示されている。

労働者は、その有する労働力を他に提供し、その対償として得る賃金によってのみ経済生活を営むのであるが、この労働者の経済生活は、種々の偶発的な事故によって絶えず脅かされている、ということができるのである。（亀井、同書二一頁）

つまり、労働者とは生産手段を有さず、自己の労働力を提供することでしか生活を維持できない者であるとの観念がある。この点は、先述の公的年金における議論とも共通する。その後、一九七四年に失業保険は抜本的に改正され、雇用保険が誕生して現在に至っている。幾度となく法改正を重ねても、今に至るまで被保険者はやはり「労働者」であり続けており、自営業者は被保険者に加わっていない。

†「自発的な」失業？

被保険者資格の点では、一九四七年の失業保険から現在の雇用保険に至るまでの「公務員」の扱いもまた興味深い。当初から現在まで、公務員は原則的に被保険者となるものの、一定の条件下で被保険者としないことができる、という法規定が置かれている（雇用保険法六条六号）。社会的には、公務員は雇用保険の被保険者とならないのが原則と捉えられているようである。

このような公務員の扱いに対する説明は、発言者や時代によってニュアンスの違いが見られるのだが、ここでは二〇一〇年の第一七四回国会衆議院で提出された質問主意書と、それに対する回答を見てみたい。

柿澤未途《かきざわみと》（みんなの党・当時）が提出した「公務員の雇用保険に関する質問主意書」の問いの一つに次のようなものがある。

「公務員は原則として雇用保険の適用除外となっている。理由は何か」

これに対する、鳩山由紀夫首相の答弁書の内容は、このようなものであった。

国家公務員及び地方公務員については、法律によって身分が保障されており、民間の労働者のような景気変動による失業が予想されにくいこと等の理由から、雇用保険法（…）の規定の適用が原則として除外されている。

簡単に言えば、公務員は身分保障があるため基本的に失業しないから、雇用保険で失業時の生活費保障をする必要がない、ということである。この回答は民主党政権下のものであるが、それ以前からの説明にも含まれていた内容である。

一見もっともな説明にも見えるが、しかし公務員であっても辞職をすることはできる。

つまりこの答弁書では、公務員が自ら職を辞し失業するという状況が、雇用保険で保護されるべき「失業」から度外視されており、この点が雇用保険の性格を理解する上で示唆に富む。

そしてこのような失業観は、雇用保険の被保険者である労働者との関係でも現れる。労働者が自ら退職した場合でも、雇用保険による生活費保障の給付を受けること自体はできる。しかしながら、それが「正当な理由がなく自己の都合によって退職した場合」に該当すると評価されれば、失業後から最長三カ月間、生活費保障の給付を受けることができない(雇用保険法三三条一項)。そしてここでいう「正当な理由」とは、通達によると「その退職が真にやむを得ないものであることが客観的に認められる場合を言うのであって、被保険者の主観的事情は考慮されない」と、かなり厳しく解釈されている。

このように、公務員の扱いを見ても、労働者の自己都合退職を見ても、雇用保険の保護すべき対象は原則として「非自発的な失業」なのだ、という観念が見られる。

ここで、自営業者に視線を戻してみると、自らの仕事がいかに厳しい状況に置かれていても、「看板」を掲げ続けることは可能である。まったく売れない俳優でも、俳優であると名乗り続けること自体はできるし、作物が売れなくとも農業を続けること自体はできる。「いよいよこれでは生きていけなくなった」と考えるときに看板を下ろし、廃業に至ったとしても、それは常に自らの判断による自発的な廃業であるとも言える。つまり、雇用保険が「非自発的な失業」を主たる保護対象としているとすれば、自営業者の廃業は、そもそも理論的に雇用保険と相性が悪い。

5 労災保険はなぜ自営業者には適用されないか

†労災保険とは何か

労災保険は、制度創設当初から、雇用保険よりもいっそう「労働者」(あるいはその概念を規定する労働基準法)との理論的な関わりが強い仕組みであった。それは次のような事情による。

労働者が仕事中に事故に遭い、ケガや病気を負ってしまった場合、雇い主である会社は、たとえ会社に責任(故意・過失)がなくとも、労働者に生じた損害を補償する法的義務を負う。それが、労働基準法の第八章に定められた災害補償という仕組みである。具体的には、仕事上のケガや病気の治療費は会社が全額負担するとか、そのケガや病気によって労働者が亡くなった場合には、その労働者の平均的な日給の一〇〇〇日分を補償するなどといった内容が定められている。

しかし、大企業ならともかく、なかにはそのような災害補償を実施したくとも実施できない経営状況の会社もある。その場合、労働者（あるいはその遺族）としては、災害補償を受ける法的権利を持っていても、現実に金銭を得ることはできない。

そこで、政府が、労働者を雇用するあらゆる会社から強制的に保険料を徴収する保険制度を作り、その保険料をもとに膨大な額の基金を形成し、そこから労働者に対する補償を実施するという仕組みが構想された。これが労災保険制度である。これによって労働者としては、自らが雇われている会社の規模や経営状況にかかわりなく、災害補償を受けることができる。

災害補償の規定を備えた労働基準法が制定されたのは一九四七年であるが、労災保険法も同じ年に、労働基準法とセットで制定された。そのため当時は、労災保険の対象者は労働基準法上の労働者であることが当然の前提であった。その一つの証拠として、労災保険法には対象者に関する定義規定すら置かれていない。

その後、労災保険は、補償内容を終身年金化したり、通勤中の事故に対しても仕事中の事故と同じように保障する給付を設けるなど、労働基準法の災害補償の内容を大きく超える保障を実施するようになる。「労災保険の一人歩き」とか、「労災保険の社会保障化」など呼ばれる現象である。

†特別加入とその例外性

この労災保険は、労働者でありさえすれば、学生アルバイトでも非正規雇用でも幅広くカバーする仕組みである。つまり年金や医療保険、雇用保険で見られる、「労働者なのに非正規だから／零細企業勤務だから適用から外される」という現象は生じないのであり、保障対象者の範囲の点では最も網羅的である。しかし反対に、労働者でなければ、どれだけ危険を伴う業務に懸命に従事している人でも、原則として対象にはならない。

そしてこの原則に対する例外が、第一章で触れた「特別加入」の仕組みである。この仕組みによれば、労働者ではないがそれに類似するような働き方をする人が、自ら保険料を払って労災保険に任意に加入することができる。

それでは、この特別加入の仕組みは当初どのように性格づけられていたのか。この点で示唆に富むのが、一九六五年の特別加入制度導入時における、国会（衆議院社会労働委員会）での労働大臣石田《いしだ》博英《ひろひで》の発言である。

この労災保険の中に、いわゆる自営農民を入れるようにいたしました制度、あるいは一人親方の特別加入を認めた制度、これは労災保険の本来のあり方といいますか、本来の使命からいいますと、ことばはよくありませんかもしれませんが、いわばサービスであります。本来からいえば、雇用関係にある者に限定せらるべきものであります。そこで、サービスの部門に対する補償のほうが本来のものより手厚くなるということになると、これは本来転倒に相なります。したがって、おのずからそこに限度がある。

さらに特別加入制度の性格について、衆議院議員の吉川兼光（日本社会党）から「労災保険の性格に社会保障的な性格と機能を加えたものが、つまり特別加入制度である、こういうふうに考えておりますが、よろしいかどうか」との質問があり、これに対して労働省の労災補償部長である石黒拓爾《いしぐろたくじ》が次のように応答している。

零細企業の事業主あるいは従業者といったようなものが、労働契約こそ結んでいないけれども、その労働の実態は非常に労働者に似ておる。そういう人たちが労働者と同じように働いて、同じようなけがをした場合には、われわれに余力があったら何とかしてあげたいという気持ちでございます。これが社会保障的であるかどうかという点につきましては、私ども、必ずしもこれが非常に社会保障的であるというふうに考えてはおりませんで、むしろ全くの任意加入でございまして、強制的に加入させるものではございませんので、労災保険も一種の契約保険を営むものであるというふうな考え方でございます。

このように制定当時は、特別加入はごく例外的な制度であるから制限的に運用すべきと考えられていた。さらに、特別加入の部分は社会保険（社会保障）というよりは民間保険に近い位置づけであった。

6 社会保険はなぜ分かれたか

†制度分立の理由

ここまで、公的年金、医療保険、雇用保険、労災保険という四つの社会保険について、労働者と自営業者の制度の分立、あるいは給付内容の差異に関する議論を検討した。その内容は次のようにまとめられる。

国民皆年金、国民皆保険と言われるように、全国民が対象となるべき年金と医療においては、労働者と自営業者を区別しない単一的な制度（あるいは給付内容の共通化）が、現実にはとられなかったとはいえ、ありうる選択肢として存在した。そのため、労働者と自営業者でなぜ制度を別建てにするのか、なぜ給付内容に違いがあるのかという疑問が生じるきっかけがある。

しかし年金にせよ医療にせよ、労働者を対象とする制度が先行しており、自営業者に対する制度は後追いで作られた。その際、財源の問題や人々の理解を得ることの困難さから、先行する制度を解体して一元的な制度を作ることは事実上不可能であった。制度自体は別建てにしつつ給付内容を統一化するという選択もありえたが、制度形成当時の人々の働き方に関する時代背景（自営業のうちの六〜七割を家族経営の農林業が占めていたこと）からすれば、それはそれほど差し迫った問題とは捉えられなかった。

それに加えて、自営業者の所得を把握することが難しいという技術的な問題もあった。ただ、制度形成当初は、いずれ解消され、克服されるべき（あるいは少なくとも重要な検討課題）と考えられていた自営業者と労働者の間の給付内容の差異が、制度が確立していく過程で、働き方の違いに由来するものとして固定化されていった例（年金の算定方法、医療の傷病手当金など）があることにも注意しておく必要がある。

以上のような年金と医療の問題状況に対して、労働保険（失業保険のち雇用保険、労災保険）

は当初から労働者のみを念頭に置いて制度が形成された。そのため、自営業者を包含する制度設計がそもそも選択肢に上がりづらく、自営業者と労働者の給付内容の差異という問題意識じたいが成り立ちにくい。

もちろん厳密に言えば、労働者における失業に類似する問題としては自営業者の廃業があるし、労働災害に類似する仕事上の事故は自営業者にも起こりうる。しかしながら年金や医療と同じく、制度形成当時の働き方に対する時代背景からすれば、自営業者の廃業や仕事上の事故に対する保護には、労働者の仕事上の事故への保護ほどの切迫性は感じられなかったのだろう。

もし労働保険で対象を労働者以外に広げるとしても、そもそもの成り立ちが労働者のみを念頭に置いた制度であるという事情から、例えば労災保険の特別加入制度のように労働者ではない人まで保護の対象を広げる議論は、あくまで例外的で、範囲を区切った制限的なものに止まる。

†労働者中心の社会保障

このように、日本の社会保障のうち社会保険は、労働者を中心的な保護の対象として形成され確立してきた。そのため自営業者への保護は相対的に手薄な状態であったが、この点をもって、自営業者が意識的に差別され劣位に置かれたとまでは言えないように思われる。というのも、当時の自営業は家族経営の農林業が中心であったため、彼らは生産手段を保有しており、生活上の困難が生じても多人数で同居する家族が支え合うという想定が可能であったためである。

そう考えれば、日本において労働者中心の社会保障が形成され確立したのは、当時の時代背景のもとでの保護の必要性に応じたもので、歴史的に見て必然だったと感じられる。当時、家族経営の農林業者が大多数を占めていた自営業者は、社会保障上中心的に議論すべきものとは捉えられず、結果として残余のカテゴリーとして位置づけられた（このような位置づけが現在においてもなお妥当かどうかは、第六章で検討することにしたい）。

本章で検討したような経緯を経て、大きな改革がなされることがないまま、現在に至るまで働き方に基づく社会保険制度の分立は継続している。このことも一つの要因となって、日本の社会保障はひどく複雑な仕組みになっている。そしてその複雑さのゆえに、市民が自分にとって必要な給付を適切な時期に申請することができない場面がある。

次章では、いくつかの具体的な事案を取り上げて、それらの場面で市民を救済するために裁判所がどのような法解釈を行っているかを確認したい。

第三章　なぜ使いにくいのか——社会保障と情報提供義務

1　社会保障と情報提供義務

†申請しないと給付は受けられない？

本章では、「はじめに」で取り上げた三つの問題のうちの一つ目、つまり社会保障の制度が非常に複雑でわかりにくく、使いにくいという問題を取り上げる。

たとえば公的年金や医療保険、介護保険など、私たちは強制加入の社会保険によって保険料を徴収されている。このように保険料を納める法的義務を果たし、一定の条件を満たした場合には、私たちは各種の社会保険給付を受ける法的権利を取得する。しかしながらその法的権利は、一定期間行使しなければ消滅してしまう場合もある（時効消滅）。

あるいは、たとえば児童手当のように、保険料納付の必要がなく、子の出生など一定の条件を満たした場合には給付を受けることができる仕組みもある。しかし、自分自身が条件を満たしていることに気づかずに、給付の請求が数年間遅くなってしまった場合には、請求時以降の給付は受けられても、過去数年間の分を遡って受給することはできないこともある（非遡及主義）。

つまり、自らが行使可能な社会保障の権利を、漏れなく行使するためには、自分自身にどのような権利か発生しているか、発生する可能性があるかを十分に知っておく必要がある。しかし、現在の社会保障制度は非常に複雑化しているため、私たち市民にとって、自らにどのような権利が存在するかを熟知することはほとんど不可能に近い。

そうすると市民としては、役所などの行政をはじめとする関係機関から、社会保障の権利に関する情報を適切に提供してもらう必要がある。このような情報を適切に提供されず、結果として市民が社会保障の権利を行使しそびれた場合には、市民が行政などを訴えて、「情報提供義務違反」による損害賠償を請求するという形の法的紛争が生じる。

以下で検討するように、社会保障の領域では情報提供義務を争う裁判例が積み重ねられ、法律の条文には規定されていない法的救済を裁判所が発展させてきた。本章ではこのような法的救済の効用を確認した上で、その限界と、なお残る問題点を明らかにしたい。

†情報提供義務をめぐる先駆的裁判例

議論の出発点は、この論点に関する先駆的な裁判例である。聴覚障害のある夫と、その妻の間に子が生まれた。この訴訟は、この家族と児童扶養手当をめぐる事案である。

児童扶養手当が、おもにひとり親家庭への生活保障として設けられていることをご存じの読者もいるだろう。しかしそれだけではなく、この手当は親に一定の障害がある場合にも給付される（児童扶養手当法四条一項一号ハ、同二号ハ）。この点は知らなかった読者も多いのではないか。

実際にこの訴訟の原告である親もそのことを知らず、行政から説明も受けなかったため、子が生まれてから一年五カ月程度の間申請ができなかった。法律上、児童扶養手当の支給は申請の翌月に開始されると規定されており、それ以前に遡って受給することができない。そのため、原告は上記の期間分、申請さえすれば受給できていたはずの児童扶養手当を受給することができなかった。そこで原告は、行政が制度内容を周知徹底する義務に違反したなどと主張し、国や県を相手に、損害賠償などを求める訴訟を提起した。

第一審（京都地方裁判所平成三年二月五日判決）は、憲法二五条や、児童扶養手当法一条に記載された児童扶養手当の目的、そして遡って給付しないという仕組みを定めた同法七条などを解釈することで、児童扶養手当の内容に関する「担当行政庁の周知徹底等の広報義務」を「法的な義務」として導き出した。

そのうえで裁判所は、「父が聴覚障害者である場合に児童扶養手当が支給されることを明確に示すポスターやパンフレットなどが福祉事務所に備え置かれていなかった」「母子健康手帳にも児童扶養手当の制度が記載されていない」などの事情から、国が周知徹底等の広報義務に違反したと判断した。

ただし裁判所は、原告側に対して、子どもが生まれて六週間後からは「相応の注意力をもって普通の努力をすれば」、手当の内容を把握して請求できたはずだと指摘した。結局、認められた損害賠償は児童扶養手当一カ月分の金額に過ぎなかった。

しかし、控訴審判決（大阪高等裁判所平成五年一〇月五日判決）では、結論が原告にとっていっそう厳しいものになった。大阪高裁は、国が制度を広報・周知する法的義務を負うか否かは「国会によって制定された法律がこれを法的義務として規定しているかどうかによって決まる」との見解を示した。児童扶養手当法や関連する法律には、そのような明文の規定は存在しない。そのため大阪高裁は、「国による手当制度の広報、周知徹底は国の法的義務ではなく、法的強制の伴わない責務にとどまる」と述べ、情報提供の法的義務の存在を否定した。この事件は最高裁判所には上告されず、確定した。

このように、初期の訴訟では、情報提供義務を定める法律上の明文規定（条文）の有無が決定的な判断要素とされた。社会保障に関する法律では、情報提供義務を定めるような明文規定は存在しないことが多いため、市民の側が裁判によって法的救済を勝ち取ることは困難であると考えられた。

†その後の裁判例

しかしその後、社会保障に関連する給付・制度について、情報提供義務に関する裁判例の積み重ねがあり、行政の義務違反を認めるものも見られた。

そのような裁判例のうちいくつかは、争われている給付に直接の関係はないものの広い意味で関わりがあるような法律の中から、情報提供義務に関する規定を探し出し、それを根拠として原告（市民）の請求を認めるものもあった。これは、先述のような先駆的判決と結論こそ異なるものの、法律上の明文規定を重視するという考え方は同様であった。

ところが注目すべきことに、裁判例の中には、法律上の明文規定がないにもかかわらず、行政の側の情報提供義務を法的義務として認めるようなものも現れていた。これは、先駆的判決と、考え方そのものが根本的に異なるものである。

この流れを決定的にしたのが、平成二六年一一月二七日に大阪高等裁判所が出した判決

(以下、大阪高裁平成二六年判決という)である。事案は、次のようなものであった。

ある家族の子どもが脳腫瘍《のうしゆよう》を患い、長期療養が必要になった。その子の親は、子の治療などで経済的に苦しくなると感じ、子が入院していた病院の職員に、何か経済的な支援制度がないか尋ねた。すると病院の職員が、支援制度があるので市の窓口に行くようにと助言をくれた。

そこで親は市役所に行き、状況を説明したうえで何か支援制度はないかと窓口の職員に尋ねたところ、市役所の窓口の職員は二回、「ないです」と答えた。実際には、脳腫瘍に罹患《りかん》した子は特別児童扶養手当法の定める「障害児」に該当するため、その親には当該手当の受給資格があったのだが、親としては、市の職員がそう言うのなら支援の制度はないのだろうと思い、何の申請もしなかった。

およそ五年後、その親は、自分たちに特別児童扶養手当の受給資格があったことを知り、行政に給付を請求した。ところが法律には、あくまで請求の翌月からしか支給ができない(先駆的裁判例の児童扶養手当と同じく、過去に遡った給付はできない)との規定があったため、約五年間分、合計三〇〇万円ほどの手当を受け取れなかった。そこで親は、行政から正しい情報を与えられなかったため損害を被ったと主張し、行政を相手に、損害賠償を求める裁判を起こした。

この事案でも問題となったのは、特別児童扶養手当法をはじめ関連するどの法律にも、情報提供義務を定める条文がないことであった。事案の構造は先述の先駆的裁判例とほぼ同様であったため、原告である親の側の苦戦が予測され、実際に第一審の大阪地方裁判所では、親は敗訴した。

しかし、親からの控訴を受けた大阪高等裁判所が、逆転で親の勝訴判決を出した。非常に重要な内容であるため、判決文を引用したい（ただし引用中の①〜③の記号は筆者による）。

①社会保障制度が複雑多岐にわたっており、一般市民にとってその内容を的確に理解することには困難が伴うものと認められること、②社会保障制度に関わる国その他の機関の窓口は、一般市民と最も密接な関わり合いを有し、来訪者から同制度に関する相談や質問を受けることの多い部署であり、また、来訪者の側でも、具体的な社会保障制度の有無や内容等を把握するに当たり上記窓口における説明や回答を大きな拠り所とすることが多いものと考えられることに照らすと、窓口の担当者においては、③条理に基づき、来訪者が（…）制度を特定しないで相談や質問をした場合であっても、（…）不明な部分につき更に事情を聴取し、あるいは資料の追完を求めるなどして該当する制度の特定に努めるべき職務上の法的義務（教示義務）を負っている。

要するに、①´社会保障は複雑で一般市民にとっては理解困難なため、②´一般市民としては行政の窓口で受けた説明を頼りにするほかないのだから、行政の担当者は、③´社会的な正義の観念・物事の道理として、情報提供の法的義務を負う、ということである。

結果として、親は過去に受け取ることのできなかった特別児童扶養手当の額に相当する約三〇〇万円の損害賠償を勝ち取り、市が最高裁に上告しなかったため判決は確定した。

このように大阪高裁平成二六年判決は、法律上の明文規定の有無にこだわった先駆的裁判例とは反対に、法律上に明文の規定がなくとも、③「条理」という法律に書かれていない法的根拠に基づいて情報提供の法的義務を認めた点が画期的であった。さらにその際、①社会保障の複雑性・理解の困難さや、②行政の窓口に期待される役割を重視している点が、注目に値する。ただし先駆的裁判例と大阪高裁平成二六年判決とでは、おもな論点が制度の一般的な周知広報か、それとも個別具体的な説明（教示）かという違いがあることに注意する必要がある。

いずれにせよ大阪高裁平成二六年判決は、社会保障に関する行政の情報提供義務という論点を大きく進展させた。そしてさらに次に掲げる裁判例によって、法律に書かれていない法的根拠に基づいて情報提供義務を負う主体は、行政だけには限られないことまでもが示された。

2 行政以外の情報提供義務

†民間主体と情報提供義務

社会保障の給付を担う主体は、行政だけとは限らない。例えば公的医療保険において、実際の医療行為を担っているのは、多くの場合、民間の病院・診療所である。法的に見れば、私たちはそれらの病院・診療所と診療契約を結んで、治療を受け、治療費（原則三割負担の「一部負担金」）を支払う。

これは介護保険でも同様で、介護保険の枠組みにおける介護サービスの提供には、民間の事業者が数多く参入している。そして介護サービスを受ける場合には、私たちはそれら民間の事業者と介護サービス契約を締結することになる。

このように民間の医療・介護サービス提供主体と契約を結ぶにあたっては、その民間の主体から説明や情報提供を受けることになる。そして、本書の「はじめに」で紹介した筆者自身の経験のように、民間の主体からの情報提供が不十分であったり、誤っていることも少なくなく、それによって利用者が損害を被ることもある。それが訴訟につながったのが、次に紹介する令和三年一〇月二七日の東京高等裁判所判決である。

ある医療法人財団が、介護老人保健施設（通称「老健」。要介護状態の人が入所してリハビリなどを受ける施設）を運営していた。九六歳のXさんがこの老健を利用するにあたり、Xさんの長女Aさんは、老健に所属するケアマネジャーと支援相談員から重要事項説明書のひと通りの説明を受けたうえで、この老健と利用契約を結んだ。重要事項説明書には、収入が低い利用者の食費と居住費を減額する「負担限度額認定」の説明が細かい字で記載されていたが、ケアマネジャーたちはAさんに対して、この記載を教えたり、具体的に説明したりはしなかった。

Xさんの収入は低額の公的年金のみだったため、老健の通常の利用料金を支払うことが困難な状況であった。そのためAさんは、老健のケアマネジャーたちに、「高額の利用料金の負担は厳しいので、何とか安くなる方法はないか」という趣旨のことを繰り返し尋ねていた。しかしケアマネジャーたちから、先述の負担限度額認定の仕組みを説明されなかったため、通常料金を払い続けた。

三年ほど経って、負担限度額認定の仕組みを知ったAさんは、ケアマネジャーが制度の説明をしなかったから過大な料金を支払ったと主張し、これまで支払った金額と、負担限度額認定を受けていた場合の金額の差額一六二万円の賠償を求めて、老健を運営する医療法人財団を相手に裁判を起こした。

第一審の東京地方裁判所（令和三年三月一二日）判決は、介護保険法上のケアマネジャーについての各規定を見ても、ケアマネジャーが利用者に対して負担限度額認定制度の説明を行う義務を導くことはできないと述べた。さらに、もし仮にケアマネジャーがそのような義務を負う余地があるとしても、利用契約締結の際に利用者に示された重要事項説明書に制度の説明が記載されているため、義務違反は生じないと判断した。

しかし、Xさんの控訴を受けた東京高等裁判所は、令和三年一〇月二七日の判決（以下、東京高裁令和三年判決という）でXさんの請求を認めた。その論理は次のようなものである。

負担限度額認定は、「低所得者の被保険者にとっては、極めて重要な事項である」。そして、ケアマネジャーらの法令上の位置づけ、利用者との情報量の格差などを考えると、介護保険法などの条文には明文の根拠規定がないとしても、ケアマネジャーには、「施設利用契約締結に付随する信義則上の義務」がある。

これはつまり、介護保険法には明文規定がなくとも、専門家であるケアマネジャーは、制度に詳しくない利用者と契約を結ぶに際して、制度内容を誠実に説明する法的義務を負うということである。裁判所はその際、「重要事項説明書に本件制度に関する記載をしていたものの、その記載の体裁は（…）これを読む者が容易に視認し、理解し得るものであったとは必ずしもいい難」いと述べ、制度を記載するのみでは説明義務を果たしたことにはならないと判断した。ただしXさん側にも落ち度があるとして、Xさんが請求した本来の差額一六二万円から三割が減額され、認められた賠償金の額は一一三万円となった。

この判決は、介護保険法に明文規定のない情報提供義務を、信義則という法的根拠に基づいて認めた点、さらに重要事項説明書の記載内容や体裁の理解のしにくさに着目している点で非常に興味深い。

†行政の肩代わり？

この裁判例で問題となった負担限度額認定の仕組みは、介護保険法上の、ひいては公的給付としての社会保障制度の仕組みであり、老健（およびその運営主体）が独自に実施するものではない。そのような社会保障の仕組みについて、行政のみならず、民間の主体も情報提供義務を負うことが、裁判例によって示されたことになる。

この点を、給付主体と責任主体という観点で考えてみると、ある種の「肩代わり」が起きているようにも見える。それは以下のような意味である。

先に紹介した、特別児童扶養手当に関する大阪高裁平成二六年判決では、公的な機関

（行政の窓口）が、公的な給付（特別児童扶養手当）について、適切に情報提供をしなかったため、公的な機関が損害賠償を支払う義務（法的責任）を負うことになった。ここでは、給付主体と責任主体は一致している。ところが、ケアマネジャーが負う情報提供義務の東京高裁令和三年判決では、老健の運営主体である医療法人が、介護保険法上の給付（負担限度額認定に関する補足給付）に相当する金額を、損害賠償として支払う義務を負った。

本来、補足給付は介護保険法上の給付であるため、介護保険の保険者（市町村など）が給付主体である。ところが、医療法人のケアマネジャーが情報提供義務に違反したことにより、医療法人が損害賠償として補足給付に相当する金額をいわば「肩代わり」するかのような結果になっている。

そしてこのような肩代わりは、決して東京高裁令和三年判決のように介護保険の領域のみで起きることではない。民間企業で働く読者各位のなかにも、社会保障に関係する業務を行政から委託されている場合があるかもしれない。そのような場合には、利用者との関係で適切な情報提供義務を果たさなければ、上記と同様の肩代わりを法的に負う可能性はある。

3 他分野との比較

これまで述べてきたような情報提供義務は、社会保障以外の法分野でも当てはまる議論であろうか。そのことを検討するために、社会保障の隣接領域の裁判例と比較をしてみたい。比較対象は、企業年金の分野である。

†企業年金分野との違い

企業年金は社会保障ではないと聞くと、読者各位は意外に思われるかもしれない。国民年金や厚生年金と同じく、社会保障としての公的年金であると感じる人も多いのではないか。実際に、日本の公的年金制度は「三階建て」と説明される場合もあり、その場合、企業年金が三階部分に当たるとされる。

しかし少なくとも社会保障法学においては、企業年金は社会保障そのものではないと考えられている。というのも、公的年金は強制加入性を本質的要素とする(だからこそ社会保険＝社会保障に位置づけられる)のに対して、企業年金はそのような意味での強制加入性を備えないためである。むしろ法的観点からは企業年金は「退職金」に近く、労働条件(法領域としては労働法）の一部だと言われることもある。

このように、企業年金は社会保障ではないという理解を前提にして、企業年金分野において情報提供義務が争われた裁判例をいくつか取り上げたい。

†厚生年金基金と情報提供義務

一つ目の事案の原告は、勤務先の会社が設立した厚生年金基金（以下、基金という）に加入していた。基金は、社会保障としての厚生年金を国に代わって実施する業務（代行部分）と、基金が独自に支給する上乗せ給付としての業務の双方を遂行する。このうち、この事案で問題となったのは、上乗せ給付としての「加算年金」である。

加算年金の受給方法については、年金（毎月ごとに定期的に給付される方式）と一時金（生涯に一度のみ給付される方式）のどちらの方式で受給するかを、加入者自身が選択することができた。原告は会社退職時に、これらのうちの年金方式を選択して受給してきた。ところが、原告の退社後に会社の業績が悪化し、基金は解散することになり、加算年金も所定の方法で清算された。つまり原告は、年金としての給付を想定していたよりも早く打ち切られ、一時金方式を選択した場合に比べて損をした形になる。

そこで原告らは、加算年金の残額相当の支払いを求める訴訟を提起した。この訴訟の控訴審（大阪高等裁判所平成一七年五月二〇日判決）で、基金による原告に対する説明義務が一つの論点になった。

大阪高裁の事実認定によると、基金は、加算年金の受給方法を原告らに選択させるために、基金が作成した説明冊子に基づいて説明をしていた。大阪高裁は、基金による説明としてはそれで十分であり、基金の財務状況および年金給付による受給を選ぶ場合のリスク等についてまでも説明すべき法律上の義務が基金にあったとまでは認め難い、と述べた。

この判決における情報提供義務の位置づけは、たとえば介護保険の負担限度額認定に関する先述の東京高裁令和三年判決とは、かなり異なっているように感じられる。

†確定給付年金と情報提供義務

続いて紹介する事案は、いわゆる確定給付年金に関するものである。

この事案では、原告が、勤務先の会社を定年退職する際に、会社が確定給付企業年金（基金型）の受給方式（年金方式か一時金方式か）について十分な説明やアドバイスを行わなかったため、年金方式より経済的利益の少ない一時金方式を選択してしまったと主張し、説明義務違反による損害賠償を請求した。

第一審（東京地方裁判所平成二六年一月一五日判決）は、会社側が説明義務を負うか否か、およびその場合の法的根拠について明確に述べなかった。ただし、会社が開催した定年退職者向けのセミナーで、テキストや個人資料を配布して、受給方式に関する十分な説明を行ったことや、原告が年金の裁定請求書を提出するにあたって最終確認もしていることなどを認定している。そのうえで裁判所は、原告に対して、受給方式に関する具体的なメリット・デメリットについて説明がなかったとしても、会社としては他の方法や機会を設けることにより、十分な「説明義務」を果たしていた、と述べた。

このように、第一審の東京地裁は、この事案の具体的な状況下では、原告に対する情報提供義務違反があったとは認めなかった。しかし、東京地裁による説明義務に関する認定や判断によると、一般論として会社が情報提供義務を負うこと自体は肯定しているようにも読める。

これに対して控訴審（東京高等裁判所平成二六年一〇月二三日判決。以下、東京高裁平成二六年判決という）は、第一審判決を引用しつつ一部修正する形で判決を書いた。しかしその際、第一審判決の説明義務に関する部分に先立ち、以下のような文言を挿入するという修正を、わざわざ加えている。

本件企業年金は加入者が自己の責任において受給方式を選択する仕組みであり、原告は自己の責任において上記のとおり（…）一時金受給方式を選択したというほかはないのであって、説明義務に関する原告の主張は前提を欠くものであり、被告が説明義務違反による債務不履行責任を負う旨の原告の主張は失当である。

東京高裁の挿入したこの記述からすると、東京高裁は第一審とは異なり、そもそも会社が説明義務（情報提供義務）を負うという前提をとること自体に否定的である。

†社会保障法領域との比較

ここまで、企業年金に関する二つの事案（三つの裁判例）を取り上げた。これら以外に、企業年金の分野で情報提供義務が明確な争点となった裁判例は、ほぼ見あたらない。

企業年金分野の裁判例が少ない点には注意しつつ、あえて社会保障法領域と比較すれば、企業年金に関する裁判例においては、そもそも会社（あるいは基金）側に法的な情報提供義務の存在を認めることに対し、裁判所が否定的であるという傾向が読み取れる。

そして、このような裁判所の思考の背景には、企業年金制度が加入者（労働者）の「自己の責任において」（先述の東京高裁平成二六年判決）加入・選択する仕組みである、という判断があるのかもしれない。そのような判断は、強制加入を本質とする公的年金と比較した場合の、企業年金の特質とも一致するように思われる。

さらにこの点を掘り下げれば、社会保障の権利主体として想定される人々と、企業年金の権利主体として想定される人々の属性の差異、言い換えると、前提とされる「人間観」の違いがあるのではないかとも考えられる。本章のまとめとして、この点を検討したい。

4　情報提供義務のどこが問題か

†情報提供義務の意義

本章では、社会保障の分野の裁判例で、情報提供義務という論点が発展してきた経緯を検討した。そしてそれは、隣接分野である企業年金の分野とは異なる様子であった。なぜ社会保障の分野では、情報提供義務という論点がこのような発展を遂げたのか。

社会保障は、憲法二五条の生存権の実現にかかわるものとして、各種の社会保障給付を受給するための①「法的な条件」に当てはまる②「すべての人」にとって、現実に利用可能でなければならない。

ある人が、社会保障の①「法的な条件」に当てはまるということは、要介護状態や障がい、失業など、その人が何らかの生活上の困難に陥っていることを意味する。そしてそのような状況にある人にとっては、じっくりと腰を据えて社会保障制度の情報を収集することも、足しげく役所に通って、窓口で繰り返し自らの状況を説明することも難しい。この点は、筆者はもとより、読者各位も実体験があるのではないか。

さらに②「すべての人」の中には、複雑な条件を読み解いたり、抽象的な説明を理解したりすることが苦手な人も含まれる。そのような人であっても権利を行使できるような形でわかりやすく情報を提供しなければ、社会保障を最も必要とする人に、それを届けることはできない。

このように、社会保障の性格と、社会保障を必要とする人々の性質とを念頭に置けば、法律上の明文規定がないにもかかわらず役所の窓口職員が「条理」に基づいて法的な情報提供義務を負うことも（大阪高裁平成二六年判決）、介護サービス契約に際して重要事項説明書への記載があるだけでは適切な説明を果たしたとは扱われないことも（東京高裁令和三年判決）、よく理解できる。

情報提供義務という議論により、適切な情報が得られなかったために社会保障の権利を行使できなかった市民に対して、裁判を通じて事後的な救済を与えることができる。それによって、社会保障は「法的な条件」に当てはまる「すべての人」にとって現実に利用可能であるという、生存権の保障のための重要な建前が守られる。この意義は非常に大きい。

†情報提供義務の限界

しかしながら、情報提供義務の議論にも限界がある。

第一に、裁判を通じた事後的な救済である点である。裁判は、訴えを起こした本人にしか直接的な効果をもたらさない。そして日本においては、過去の裁判例と類似するような場面に遭遇したとしても、現実に訴訟を提起する人はわずかである。

訴訟を提起しない場合、情報提供義務違反が疑われるような事情によって権利が行使できなかったとしても、泣き寝入り状態になる。筆者も法律を専攻する者であり、かつて介護保険の負担限度額認定に関して東京高裁令和三年判決の事案と同じような経験をしたと感じているが、現実の費用や時間と手間の面倒さ、証拠をそろえることの困難さを考えると、訴訟を起こそうという気にはならない。

また、大阪高裁平成二六年判決によって窓口での相談など個別具体的な教示に関しては行政が法的義務を負うと認められたものの、一般的な制度の周知広報についてまで行政が法的義務を負うと認められるかは不明確な部分が残る。

この点について、社会保障に関する法律の条文に、情報提供義務を明示的に規定すればいいではないか、と思われるかもしれない。確かに、そうすれば行政や民間の給付提供主体の意識づけにはなるだろう。ただ、何をどこまでやった場合に情報提供義務を果たしたことになるかは、個別の事案(当事者の置かれた立場や具体的な会話内容など)に左右されるし、これについて行政・提供側と利用者側の見解が対立した場合には、結局裁判によるしかない。

第二に、場合によっては行政側に大きな負担が生じうる点である。大阪高裁平成二六年判決によると、行政の窓口職員は、「来訪者が(…)制度を特定しないで相談や質問をした場合であっても、(…)不明な部分につき更に事情を聴取し、あるいは資料の追完を求めるなどして該当する制度の特定に努めるべき職務上の法的義務」を負う。この部分を、特定の事案を離れて文字通りに捉えた場合、それはかなりの困難を強いることにならないだろうか。というのも、来訪者が「どの制度が使えるかわからないが困っている」という状況で相談に来た場合、行政の職員は複雑かつ難解な社会保障の全体像を把握していなければ、どの制度を案内すべきか、どの部署に割り振るべきか、判断がつかないように思われるためである。

そして第三に、情報提供義務違反によって、民間の主体が社会保障給付のいわば「肩代わり」をさせられる危険性がある。東京高裁令和三年判決では、民間の医療法人が、介護保険の補足給付相当額を一部減額した一一三万円の損害賠償を負った。本来の給付主体である介護保険の保険者にとっては、保険料や公費（税金）から形成される大きな財源があるため、一一三万円は大きな額ではないかもしれないが、民間の主体にとってそれは決して容易に支払える額ではない。

さらに介護以外の、社会保障に隣接する分野に目を向けると、子どもの出産時の事故を保障するための産科医療補償制度という仕組みがある。この制度について、一人当たり三〇〇〇万円に及ぶ補償金をいまだ請求していない家族が非常に多いと報道されている。その中には、制度の説明を受けなかったために請求できていない家族も含まれるだろう。もしこれが情報提供義務違反として争われた場合、民間の病院は大きな打撃を受けるのではないか。

このように、情報提供義務という論点は社会保障の権利の行使にとって大きな意義を持っているが、やはり限界もある。この限界を乗り越えるための方法は、終章で検討することになる。

さて、第一章と第二章で取り上げてきた社会保険では十分な保障を受けられず、さらに本章で検討した情報提供義務によっても救済を受けられないとしても、制度の建前からすれば、そこからただちに生存が脅かされることにはならない。日本の社会保障は、最後のセーフティネットとして生活保護制度を用意しているからである。

ただしその生活保護は、制度として期待されるような役割を現実に果たしているのだろうか。次章ではこの問題を検討したい。

第四章　生活保護のうしろめたさ——社会保障と「勤労の義務」

1　生活保護を受給できるのは誰か

†働かなくても生活保護を受けられる？

　生活保護は、憲法二五条の「生存権」規定を憲法上の根拠としており、第一章で紹介した社会保障の四つの制度のうち「公的扶助」に該当する。各種の社会保障の網からこぼれ落ちて貧困に陥ってしまった人に対して、国の責任で「健康で文化的な最低限度の生活」を保障する仕組みであり、社会保障の中でも「最後のセーフティネット」と位置づけられる。

　つまり、日本の社会保障に第一章から第三章までに検討したような問題があり、苦境に陥る人がいるとしても、最後のセーフティネットとしての生活保護が適切に作動している限り、「健康で文化的な最低限度の生活」が脅かされる事態は生じないはずである。

しかし現実には、「おにぎり食べたい」というメモを残して餓死に至るようなケースが、この現代日本において存在する。なぜこのようなことが起きるのか。この点を考えるにあたって、まずは生活保護の仕組みを働くこととの関係で確認したい。

生活保護をめぐっては、受給者に対して非難の目が向けられたり、制度そのものが批判されたりすることがある。もちろんこれら二つは密接に関連している。例えばSNS上で、「働いたら罰金→所得税（…）働かなかったら賞金→生活保護」という主旨の投稿が拡散されたが、これは生活保護制度に対する典型的な揶揄《やゆ》である。このような揶揄からは、「人様の税金で運営される生活保護を受け取り、働きもせずにのうのうと暮らすのはけしからん」という感情が見え隠れする。

たしかに、生活保護は税金で運営されている（生活保護法七〇～七五条）。しかし本当に、生活保護は「働きもせずに」受け取れるものだろうか。

生活保護法四条一項は、「保護は、生活に困窮する者が、その利用し得る資産、能力その他あらゆるものを、その最低限度の生活の維持のために活用することを要件として行われる」と規定する。この条文のうち「資産」の「活用」とは、本人の持っている財産（例えば貯金や貴金属、株、土地など）について、まずは売れるものを売って、それを自分の生活費として利用することを求める規定である。

そして、生活保護の受給の条件として「働くこと」に関係するのもこの四条一項のみであり、他の規定はない。ところが、この条文には「働く」という言葉は一切出てこない。そこで、この条文がどのように解釈されているかを確認する必要がある。

この四条一項の「能力」とは、「稼働能力」、つまり自ら働いて、自分自身の生活の糧を稼ぐ能力を指すものと解釈されている。よって、その人に働く能力があるのであれば、その能力をまずは「活用」すること、言い換えれば自分自身で稼ぐことが、生活保護を受けるための法的な条件となる。そしてこの「能力」の「活用」は、その人に生活保護を給付するか否かに関する審査において、行政によって慎重にチェックされることになる。

このように現在の法制度上、生活保護は「働きもせずに」受け取れるほど単純なものではない。

†「稼働能力」とは何か

ただし、実際に働くことなく生活保護を受給できる場面はないと言い切ってしまうと、それもまた不正確である。

第一に、そもそも稼働能力がない人、具体的には高齢、病気、障がいなどといった事情で働けない人は、稼働能力を活用しようにも活用対象となる能力自体がないということになるため、働くことなく生活保護を受けることができる。この点は、生活保護を批判する人も、働けない人に「働け」ということまでは意図していないと思われる。

第二に、稼働能力があるにもかかわらず、働くことなく生活保護を受給するようなケースが考えられるが、このようなケースは実際にある。そうすると、生活保護制度あるいは受給者を批判する人に対しては、この部分を説明しなければならない。

稼働能力の活用が生活保護の受給の条件であるのなら、働かずに生活保護を受給することがなぜ可能なのか。それは法的に言えば、稼働能力がどのように評価・計測され、どのような場合にそれを「活用」したと言えるか、という問題である。この点についても、先に述べたとおり生活保護法を含むどのような法律を見ても、具体的な規定は何も存在しない。そのため、裁判所などの示す、生活保護法四条一項に関する法解釈を見るしかない。

裁判例によると、本人の稼働能力については、本人の年齢や健康状況はもとより、本人の有する資格、職歴、さらには生活歴までを総合的に考慮して評価される。つまり、若く健康で、高度の専門能力を持っている人であれば、幅広い仕事をこなせる高い稼働能力を持つと評価される。反対に、高齢で病歴があり、これまでの職の状況も専門能力を活かしたものではないという場合には、軽度の単純作業のみ行える稼働能力であると評価される。このように本人の個別具体的な状況を踏まえて稼働能力が判断される。

そのうえで、稼働能力の「活用」の条件を満たすか否かは、①本人に稼働能力を活用する「意思」があるかどうか、②稼働能力を実際に活用するための「場」があるかどうか、という二つの基準から判断される。

そもそも稼働能力を活用する「意思」がない（＝働く意思がない）場合には、稼働能力活用の条件を満たさないと評価され、生活保護を受給できない。

他方で、稼働能力を活用する「意思」（＝働く意思）がある場合には、本人にとって、稼働能力を活用する「場」（＝働き口）があるか否か判断される。つまり、「意思」があり、「場」もあるという場合には、実際に働くことが生活保護受給の条件になる（まず自ら働いて稼ぎ、それでも生活費が足りなければ、足りない分だけ生活保護の受給ができる）。

これらに対して、働く意思があるが、就職先などの働く「場」がないというケースもありうる。これはつまり、本人が働きたくても働けないという状況である。そしてこのような場合は、働く意思がある限り、実際には働いていなくとも稼働能力活用の条件を満たす、すなわち生活保護を受給できるという解釈がとられている。

以上のことをまとめると、働ける（稼働能力がある）のに働かずに生活保護を受給できる場面とは、「本人としては働く意思があるのに、本人の年齢や健康状況、資格、職歴、生活歴に基づく本人の稼働能力の状況、そして労働市場における求人状況などの事情で就職先などの働く場がない」ケースに限られる。

そうすると、「人様の税金で運営される生活保護を受け取り、働きもせずにのうのうと暮らすのはけしからん」という批判が当てはまる事例は、かなり限られる。さらに感情としても、このようなケースに限定されているなら批判するほどではない、と思われる読者も多いかもしれない。

しかし他方で、それでもなお納得がいかない、と感じる読者もいるだろう。そのような感情もある意味で自然であると思われる。この点は本章の第4節で改めて取り上げたい。

さて、先述のように稼働能力活用の条件を満たして生活保護を受給し始めたとしても、生活保護を受給している間は行政からの「指導指示」に従う義務がある。そのため、決して「のうのうと」受給できるわけではない。次にこの点を示したい。

2 行政による「指導・指示」

†受給中は「指導・指示」を受ける

生活保護の受給者に対しては、「のうのうと」「好き勝手に」「優雅に」生活しているなどと揶揄されることがある。しかし少なくとも法的には、それは正確ではない。というのは、行政機関による「指導・指示」の仕組みがあるからである。

そもそも生活保護は、生存権（憲法二五条）の理念に基づいて最低限度の生活を保障すると同時に、受給者の「自立」を手助けすることもまた目的としている（生活保護法一条）。そのため、生活保護を実施する行政機関は、生活保護を受けている人に対して、生活の維持・向上や本人の自立などのために必要な「指導・指示」をすることができる（生活保護法二七条一項）。

この指導・指示は、受給者の自由を尊重した、必要最低限のものでなければならず（同条二項）、さらに受給者の意に反して強制できるものと解釈してはならない（同条三項）、と規定されている。ところが、受給者はこの指導・指示に従う義務を負う（同法六二条一項）。そして受給者が指導・指示に従う義務に違反した場合、行政機関は、生活保護を停止したり打ち切ったりすることができる（同条三項）。

生活保護法はこのように、指導・指示について、一方では受給者の自由を尊重し、強制できないと規定しながら、他方では受給者に従う義務を負わせ、従わなければ生活保護を打ち切ることとすらできると定める。これは矛盾した規定のようにも見えるが、生存権の保障や個人の尊重（憲法一三条）などの基本的人権と、生活保護費をただ無為に消費する状況を防いで本人を自立に向かわせる必要性との狭間で、生活保護法の立案担当者が苦心し葛藤した跡がにじみ出た規定ぶりとも言える。

この仕組みのもと、生活の仕方や生活保護費の使い方、就職活動の仕方、あるいは働き方などに対して、行政機関から受給者に対して指導・指示が行われる。そしてこの指導・指示に受給者が従わないことを理由に生活保護が打ち切られ、それが裁判で争われることも少なくない。具体例として、本書の問題意識に関わる重要な事案を一つ紹介したい。

†働きながら生活保護を求めたXさんの事案

Y市に住むXさんは手描き友禅の職人であり、発注元のD工芸から反物を預かって自宅に持ち帰り、手描きで反物に柄を付けて納品する、在宅での請負業務を生業としていた。Xさんの妻は精神疾患を抱えており（障害年金も受給している）、Xさんは妻の介護や家事をしながら友禅の仕事をしていた。

ある時期、Xさんは友禅の仕事の収入が減少したことから生活保護を申請して認められ、仕事を続けながら、仕事の収入と生活保護費によって生活をしている。

なお、Xさんは自動車を所有していたため、生活保護を受給するにあたってその自動車を売却すべきかが問題になる。これは第一に、自動車が「資産」だとすると、まずはそれを売却して生活費として「活用」することが生活保護の条件となるからである（先述の同法四条）。そして第二に、自動車に資産価値がない（たとえ売っても一円にもならない）としても、自動車を使用・維持するためにはガソリン代や保険料、自動車税などがかかるのであるから、生活保護世帯が自動車を使用することは、生活保護法一条が「最低限度の生活」を保障した趣旨にそぐわない、との解釈が存在するためである。

これら二つの点と関連して、行政による解釈でも、自動車の保有は、①通勤・仕事のために必要な場合、または②障がいなどの事情のある人が病院に通院するために必要な場合に限り、厳格な条件のもとで認める扱いとなっている。

Y市は、Xさんにとって自動車が仕事上必要だと考え、自動車を保有したまま生活保護を受けることを認めた。そのためXさんは生活保護受給開始後も、その自動車を仕事と妻の通院に利用していた。

しかしその後、Xさんの友禅の仕事による収入が下がったため、Y市としては仕事用の自動車として保有を認めることが困難であると考え、このままでは自動車を処分してもらう必要性が高まることなどをXさんに何度も説明した。Xさんとしては、もし自分の自動車を処分してD工芸に納品などの運搬を頼んだ場合、仕事の回数も限られるし単価も下げられる、そのうえ妻の通院も大変になるので、自動車を保持し続けたいと考えていた。

Xさんは仕事用の自動車として保有を続けられるよう、友禅の収入を上げる努力をし、実際に一時的には収入増を達成したものの、長期的には収入は減少してしまった。Y市は、仕事の収入が低いため仕事用の自動車としての保有が認められないが、Xさんに自動車の処分を求めても応じないだろうと考え、最終的にXさんに対して、二ヵ月ほどの期限を区切って、「友禅の仕事の収入を月額一一万円（必要経費を除く）まで増収してください」という指導・指示を書面によって実施した。

Xさんは当初、友禅以外の仕事に就くのは考えられないと述べたこともあったが、何度かハローワークで他の内職の仕事を探したこともあった。そしてY市から先述の書面による指導・指示を受けてからは、ハローワークで紹介された内職団体に実際に電話し、問い合わせもした。しかし、友禅の仕事よりも高収入が期待できそうな仕事を見つけられなかった。

結局、Xさんは期限までに月額一一万円までの増収を達成できず、書面による指導・指示に従えなかった。Y市は、指導・指示に従う義務（先述の生活保護法六二条一項）にXさんが違反したとして、生活保護法六二条三項に基づき、Xさんへの生活保護を打ち切った。

†職業選択の自由?

ここで注目したい点は、Xさんに自動車の処分を求め続ける過程で、Y市としては次のような考えを持っていたことである。

第一に、Xさんが自動車を保有しないことで妻の病状に悪影響を与えることになるならば、Xさんが友禅の仕事を辞めて妻の介護に専念することもやむを得ない。

第二に、Xさんの妻の通院に際してタクシーが必要ならば、生活保護からタクシー代を追加支給することも可能である。

第三に、Xさんが生活保護を受け続けるために、自動車を処分して他の仕事を見つけた方がよいのではないか。

しかし、生活保護の仕組みを念頭に置いて考えてみると、右のようなY市の考えには疑問がある。

第一の点について、もしXさんが友禅の仕事を辞めて妻の介護に専念した場合、Xさんの仕事上の収入はなくなる。そうすると、生活保護費の計算方法(後述)からして、Xさんに給付すべき生活保護費の金額が増える。つまり、行政にとって、財政面で支出が増える（費やされる税金が多くなる）。

これは第二の点でも同様である。裁判の中で事実認定がされていないため詳細が不明だが、Xさんがもし自動車を処分して日々のタクシー代を生活保護から支給した場合、やはり財政面での支出が増える可能性が高い。

そして第三の点について、Xさんは友禅の仕事をしながら（法的に言えば稼働能力を活用しながら）、妻の介護も両立し、生活費の足りない分だけを生活保護費として受給していた。生活保護法一条の示す目的は、最低生活の保障と自立の助長である。何とか自立をしようとするXさんに今回のような形で生活保護費を給付することは、生活保護の目的に沿ったものだったのではないか。にもかかわらず、転職をすればXさんにとって仕事上の収入が減る（ひいては行政としてもXさんに給付すべき生活保護費が増大し、財政面の支出が増える）可能性が高いにもかかわらず、なぜ他の仕事への転職を求める必要があるのか。

おそらくY市としては、仕事用として認めるだけの実績がないのに自動車を保有させれば、「最低限度の生活」の保障という生活保護法の趣旨に反し、一般国民との均衡を失する、という考慮をしたものと思われる。確かにそれは一つの考え方ではある。しかしXさんの側にも、生存権という人権に加えて、友禅の仕事という自らの選ぶ職に対して行政から介入されない憲法上の権利、つまり職業選択の自由（憲法二二条一項）があるはずである。

そうすると、Y市がXさんに転職を求めることは、憲法違反のおそれすらあるように感じられる。

裁判所の判断内容

ところが、裁判所はそのようには考えなかった。平成二四年一一月九日の判決で、大阪高等裁判所は、Xさんが「自動車を使用しないことで収入は減少するかもしれないが、D工芸からの集配によって自宅で〔友禅の仕事〕を行うことも可能であるし、〔友禅の仕事〕以外の内職の仕事がないことを認めるに足る証拠もない」と述べた。そこには、Y市がXさんに転職を求めることが職業選択の自由と対立しうるという問題意識は感じられない。

そしてこのような感覚は、裁判所だけのものでもなかった。法学研究者の間では、同じ法分野を専攻する者が所属大学を超えて年に一度集まる大規模な「学会」に加えて、より小規模で高頻度の「研究会」が地域ごとに開催されることが多い。いくつかの地域の研究会で筆者がこの判決を紹介し、職業選択の自由との関連という議論を提起したところ、ある研究者から「生活保護受給者との関係では、職業選択の自由は考えなくともよいのではないか」との反論を受けたことがある。それは感覚的なものであるようで、とくに法的な根拠は示されなかった。ただし、その他の多数の出席者からの反応から推測するに、上記の反論をした研究者と同じような感覚を持つ研究者が多数だったのではないかと思われる。

結局、この事案は最高裁判所まで争われて最終的にXさん側が勝訴したのだが、別の論点が決め手になっての勝訴であったため、職業選択の自由との関係に裁判所が言及することはなかった。

†「勤労の義務」と生存権

このような状況について、筆者としては当初、裁判所や研究者のような法律の専門家にも、生活保護受給者への差別意識があるのかもしれないと考えた。しかし、この論点の研究を進めるうちに、上記のような裁判所の思考や研究者の「感覚」を理論的に説明するための一つの可能性に思い至った。それは、まさに本書の問題意識である憲法上の勤労の義務と、生活保護の関係である。

日本国憲法二七条一項は、「すべて国民は、勤労の権利を有し、義務を負ふ」という規定である。この条文は、「勤労の権利」とともに、国民の三大義務の一つである「勤労の義務」を定めたものとされている。この勤労の義務と、生存権あるいは社会保障との関係について、高名な憲法学者の宮沢俊義《みやざわとしよし》は次のように述べている。

日本国憲法は、社会国家の理念をかかげ、国がすべての国民に生活を保障する責任を負うとする建前をとっているが、すべての国民が勤労の義務を負うとする原則をみとめている以上、勤労の義務をはたさない者、すなわち、勤労の能力があり、その機会があるのにかかわらず、勤労しようとしない者に対しては、国はその生活を保障する責任を負わないと解すべきであろう。（宮沢俊義『憲法Ⅱ〔新版〕』有斐閣、一九七四年、三三〇～三三一頁）

この見解によると、ある人が「勤労の義務」を果たすことが、その人が生活保護を含む社会保障を受けるための前提条件ということになる。さらに宮沢は、生活保護法四条一項の補足性の要件（稼働能力の活用）の意義も、同様の趣旨から説明している。そしてこの宮沢の見解は、多くの有力な憲法学者から支持されている。

これを国（行政）の側から見れば、生活保護を受ける市民に対して、単に生活保護法上の義務としてではなく、憲法的な次元の「義務」として、勤労（働くこと）を求めることができる、ということになる。

筆者はもともと、行政側が、生活保護受給者の働き方に介入するような指導・指示を実施することは、生活保護受給者の生存権と職業選択の自由という二つの憲法上の権利を侵すもので、厳格な条件の下でしか許されないと考えていた。行政側の指導・指示は単なる法律上の権限に過ぎず、生活保護受給者の憲法上の権利の方が優位性が高いからである。

ところが、もし宮沢の言うように、勤労の義務が生存権の法的な前提であるとすると、筆者の考えていた構図は崩れる。行政側が実施する、生活保護受給者の働き方に介入するような指導・指示は、憲法上の勤労の義務に基づくことになり、その義務を果たさない限り生活保護受給者は生存権の保障を主張できない（そもそも生活保護の受給資格がない）ことになるからである。

このように、生活保護受給者の働き方に介入する指導・指示という問題を、憲法上の勤労の義務を前提にして考えた場合、そこでは職業選択の自由は問題にはならないという判断も十分にありうる。そうすると、先述したような裁判所や研究者の反応も、生活保護受給者に対する差別意識ではなく、法的な思考として説明することができる。

3 生活保護と不正受給

†最低生活費はどう決まるか

ここまで検討してきたように、生活保護の運用や法解釈に、暗黙のうちに憲法上の勤労の義務が影響してきた可能性がある。

そして筆者としては、勤労の義務、あるいはそれに関連するような人々の意識が、生活保護の制度や運用への批判と結びついているのではないかという仮説を持っている。この点を読者各位とともに検証するために、生活保護の不正受給の問題を取り上げたい。

本章で示してきたように、生活保護に関するイメージには誤解に基づく部分がある。しかしそうは言っても、生活保護を不正受給する不届き者も多いではないか、その者たちに関しては何の言い訳の余地もないではないか。読者の中にはそう思われる方もいるだろう。たしかにこの不正受給が、生活保護の制度に対する信頼を低下させ、また受給者全体に対して疑念の目が向けられる原因の一つであると考えられる。

ただしここでも、法的に見てそもそも不正受給とは何か、不正受給と呼ばれるものに果たして汲むべき事情はないのかということを問う余地がある。それに先立って、まずは生活保護費として給付される金額の計算方法を確認しておきたい。

この点に関する規定は、生活保護法八条一項である。同項は、「保護は、厚生労働大臣の定める基準により測定した要保護者の需要を基とし、そのうち、その者の金銭又は物品で満たすことのできない不足分を補う程度において行う」と規定する。これを図式的に説明すれば、次のようになる。

Aさんの世帯（生活保護は世帯単位で実施される）が生活保護の受給を申請したとする。すると行政機関が、生活保護基準（上記条文中の「厚生労働大臣の定める基準」）という表に照らし合わせて、Aさん世帯のような年齢・住所・家族構成などといった属性であれば、最低限度の生活を送るためにどれくらいの金銭が必要であるかを、客観的に計算・算出する。この金額が、Aさん世帯にとっての「最低生活費」となる。

そのうえで、Aさんの世帯に、実際にどれくらいの収入があるのかを行政機関が調査する。

そしてこの両者、つまり客観的に算出されたAさん世帯の最低生活費と、Aさん世帯の実際の具体的な収入を差し引き計算して、前者と後者の差額（上記の条文中の「不足分を補う程度」）が生活保護費としてAさん世帯に給付されることになる。もちろんここで、Aさん世帯の実際の具体的な収入が最低生活費を上回っていたら、生活保護は給付されない。

†不正受給は増えているのか

つまり、Aさん世帯の生活保護費を正しく算出するためには、行政機関がAさん世帯の収入を正確に把握する必要がある。そのため、行政機関はAさん世帯の就労・生活実態や納税に関する資料などを詳細に調査する。そしてこれに対応して、Aさん側は、世帯員全員の収入を行政機関に申告する義務を負う。

ここで、何らかの事情により行政機関がAさんの収入を過大にとらえてしまった場合、差し引き計算により算出される生活保護費が本来の額よりも小さくなる（過少支給）。反対に、行政機関がAさんの収入を過少にとらえてしまった場合には、差し引き計算により算出される生活保護費が本来の額よりも大きくなり、本来はAさんが受け取ってはいけない金額が給付されてしまう（過大支給）。

この過大支給の中には、行政機関の側に原因（責任）があるケースもあるし、Aさんの側に原因（責任）があるケースもある。そして後者のケースが一般に「不正受給」と呼ばれる。

それでは、この「不正受給」はどのような原因で、どの程度発生しているのか。

厚生労働省の統計によると、令和二年度において不正受給件数は三万二〇〇〇件余り、合計金額が一二〇億四〇〇〇万円余り（一件当たりの平均額が三九万四〇〇〇円）となっている。件数、金額ともに決して見過ごすことのできない規模である。

そして「不正受給」の発生原因としては、働いて得た収入（稼働収入）の無申告および過少申告が全体の六割超を占めており、各種の年金などの無申告が二割弱で続いている。

このような「不正受給」が生じた場合、法的な対応はどのように行われるか。生活保護法は、刑事罰（三年以下の懲役又は一〇〇万円以下の罰金。同法八五条一項）を定めるとともに、「不正受給」者から不正受給額を取り戻す規定を置いている。すなわち行政機関は、「不実の申請その他不正な手段により」生活保護を受けた者から、不正受給額にペナルティとして最大四〇％を上乗せした金銭を「徴収」することができる（同法七八条一項。最大四〇％の上乗せは不正受給対策として二〇一三年に追加された）。

このように、不正受給の重大性に鑑み、法律上も厳しい対応が規定されている。「不正受給」の件数や金額、さらには生活保護が税金で運営されていることを念頭に置けば、このような厳しい刑事罰や金銭の徴収の規定は当然だ、あるいはもっと厳しくすべきだと思われるかもしれない。しかし現実に「不正受給」をめぐって裁判になった事案を見てみると、「不正受給」に陥った受給者にも相応の事情がある場合もある。以下で、生活保護を受けていたとある世帯が「不正受給」該当性を争った、象徴的な裁判例を紹介したい。

†不正受給の事案

この世帯は、夫妻と高校二年生の娘、そして息子の四人家族であった。夫妻はそれぞれ

図表 4-1　生活保護の不正受給の状況

（1）不正受給件数・金額等の推移

年度	不正受給件数	金額（千円）	1件当たりの金額（千円）
H23	35,568	17,312,999	487
H24	41,909	19,053,722	455
H25	43,230	18,690,333	432
H26	43,021	17,479,030	406
H27	43,938	16,994,082	387
H28	44,466	16,766,619	377
H29	39,960	15,530,019	389
H30	37,234	14,005,954	376
R1	32,392	12,960,895	400
R2	32,090	12,646,593	394

注：生活保護法施行事務監査の実施計画報告を集計したもの。

（2）不正受給の内容

内訳	令和２年度	
	実数（件）	構成比（%）
稼働収入の無申告	15,878	49.5
稼働収入の過小申告	3,551	11.1
各種年金等の無申告	5,678	17.7
保険金等の無申告	771	2.4
預貯金等の無申告	387	1.2
交通事故に係る収入の無申告	391	1.2
その他	5,434	16.9
計	32,090	100.0

注：生活保護法施行事務監査の実施結果報告を集計したもの。「その他」の主なものとして、資産収入の無申告、仕送り収入の無申告などがある。

出典：令和４年８月10日社会保障審議会生活困窮者自立支援及び生活保護部会（第18回）資料３をもとに筆者作成。

重い心臓疾患と精神疾患を持っており、稼働能力がないということで、その家族は生活保護を受給していた。その家族を受け持った行政の担当者は、生活保護制度の大まかな説明はしたが、詳細までは説明しなかった。また、行政の担当者は、娘が高校の普通科に在籍しているためアルバイトなどをすることはないだろうと思い込み、高校生のアルバイト収入も行政への届出義務があることを夫妻に説明したことはなかった。

ただし、夫妻に渡された生活保護のしおりには、「福祉事務所への届出の義務を守ってください」との記載があり、「新たに働くようになったり、やめたり、仕事が変わるとき（子どものアルバイトも含みます）」と書いてあった。他方で、そのしおりには生活保護の受給世帯がＮＨＫの受信料を免除されることも記載されていたが、夫妻は一〇カ月近くその手続きをとっていなかった。裁判所は、夫は書類をよく読んで理解し適切に対応しようという意欲が乏しく、妻は精神状態などの影響で理解力、適応力に問題があったと認定している。

娘は高校の修学旅行を控えていたが、家庭が生活保護を受けていることから、修学旅行の費用を夫妻（両親）に頼むことができず、自分で費用を稼ぐしかないと考え、アルバイトを始めた。夫婦は娘がアルバイトを始めたことを、当初から知っていた。

翌年、行政がその家族の課税調査をしたところ、娘のアルバイト収入（約三二万円）があったことが判明した（なお、修学旅行の費用は九万八〇〇〇円で、その他の費用は娘の大学進学の費用に充てられた）。行政の担当者がその旨を夫妻に伝えたところ、夫妻は、娘がアルバイトをしていることは知っていたが、その収入を申告する必要があるとは考えなかったと説明した。その結果、行政はその家族が娘のアルバイト収入に相当する約三二万円分の生活保護費を不正受給したものとして、生活保護法七八条に基づく徴収を決定した。

このような事情がある場合に、それを不正受給と呼び、ペナルティ付きの徴収の規定を適用することはあまりに酷だと思われる読者もいるだろう。じつは、すぐ後に示すとおり、この事案の解決をする上で裁判所もそのように考えた。

しかし他方で、現に夫妻が受け取った生活保護のしおりには、子どものアルバイトでも届け出る義務があることが記載されていた。税金による生活保護を受ける以上は、夫妻は注意深く義務を守るべきであって、それを守らなかった以上は不正受給としてペナルティを受けるのが当然だ、と感じる読者もいるだろう。本書としては、こちらの感覚もありうるものだと考えるし、本書の問題意識との関係でも重要であるため、本節の末尾で言及する。

†不正受給の背景にあるさまざまな事情

それでは、この事案に関する裁判所の判断内容を確認したい。

平成二七年三月一一日の判決で、横浜地方裁判所は、上記のようなアルバイト収入の無申告とそれによって生じた「不正受給」について、同法七八条の条文の「不実の申請その他不正な手段」には当たらないと判断し、行政による徴収の決定を違法だと判断した。その理由は以下のとおりである。

第一に、アルバイト収入のうち修学旅行費用相当分（九万八〇〇〇円）は、通常の行政実務では収入として扱われないものであり、その他の部分も大学進学のために有効活用されているから収入として扱わないことも可能である。よって、アルバイト収入を申告しなかった点のみで「不実の申請その他不正な手段によって」不正受給をしたと扱うのはその家族にとって酷である。

第二に、上記のとおり、その家族を担当した行政職員は高校生のアルバイト収入も申告する義務があることをわかりやすく説明していなかった。

第三に、夫妻の状況からすると、娘のアルバイト収入を申告する義務があることを夫妻が理解していたとは断定できない。つまり、夫妻が娘のアルバイト収入を隠ぺいするためにあえてそれを申告しなかったとは言えない。

この判決のように、生活保護の受給者側に申告漏れがあったとしても、事情によっては、不正受給として「徴収」（同法七八条）の規定を適用することは許されないというのが、裁判所の基本的な立場である。もちろんその場合でも、過大な給付を受けた受給者が、その分を一切返還しなくてよいわけではない。徴収規定の代わりに、「返還」（同法六三条）の規定を適用することで、過大な給付に対する処理が図られることになる。

この返還規定は、もともとは行政側の原因によって過大に生活保護費を給付した場合にそれを返還させるために設けられた規定であり、七八条とは異なりペナルティとしての上乗せがない。さらに、六三条の返還規定の場合、具体的にどの程度の額を返還させるかに関して行政機関に裁量が与えられる（個別の事情に応じて、必ずしも全額を返還させる必要がない）。これに対して七八条の場合には、行政は「不正受給」（過大に給付された額）の全額を徴収しなければならない、との解釈を示す裁判例もある。

つまり、ひとくちに不正受給と言ってもさまざまな実情があり、裁判所が事案に応じて妥当な問題解決を試みている。

†「働くこと」をめぐる規範意識

以上のとおり、生活保護の不正受給は、おもに生活保護費の算定の仕組みにおける本人の収入の申告漏れや無申告などによって生じている。そして、「不正受給」と括られる事案の実情はさまざまであり、中には不正受給としてペナルティを課すことが不適切だと感じられるようなケースもある。裁判所も、解釈によって不正受給の範囲を制限するような姿勢を示している。このような裁判所の対応を、適切だと感じる読者もいるだろう。

しかし他方で、このような対応は受給者に対して甘すぎる、生活保護を受給する以上はもっと注意して自らが不正受給に陥ることを避けるべきだ、という感想を持つ読者もいるだろう。ここでは、そのような感情の背景にあるものを明らかにするために、読者各位に協力を仰ぎたい。

第二章で紹介した、介護保険の利用費減額（負担限度額認定）に関する裁判例を思い出してほしい。その判決と本章で紹介した不正受給の裁判例は、利用者（受給者）側が制度の詳しい説明（情報提供）を受けていない点、しかし実は書類に説明書きがあった点など、類似点が多い。裁判所による解決も、利用者（受給者）側の事情をかなり汲んでいる点で共通する。しかし、読者各位の中には、「第二章の介護保険の事案は妥当な解決だったが、今回の不正受給の事案は受給者に甘すぎる」という感想を持った人もいるだろう。そのような感想の背景には、以下のような感情があるのではないか。

第一に、介護保険は保険料を払ったうえで利用する制度だが、生活保護は税金で運営される。税金を財源にした給付を受給するからには、自らが申告漏れなどに陥らないよう十分注意すべきではないか。

第二に、不正受給の事案の夫妻は、重い心臓疾患と精神疾患のため行政から稼働能力がないと判断され、働くことなく生活保護を受給していた。働かずに受給している以上、せめて制度の理解くらいはしっかりとすべきだ。

ただ、このうちの第一の点については、介護保険にも財源のうちの半分程度、税金が投入されている。また、同じく第二章で特別児童扶養手当（脳腫瘍の子どもの親への情報提供義務）に関する裁判例を紹介したが、この手当の財源は全額税金である。

この説明を前提としてもなお、「今回の生活保護の不正受給の判決は受給者に甘すぎる」という感想が変わらないとすれば、「人様が働いて納めた税金で、働かずに生活保護を受けているからには……」というように、「働く／働かない」という部分に重点があるように思われる。そうすると、第一の点は、第二の「働かない以上はせめて制度理解の努力をすべき」と重なる部分が大きい。

もしこの推測が正しいとすれば、生活保護をめぐっては、法的な意味での勤労の義務の影響とは別に、倫理観としての「働くこと（働かない／働けない場合にはその代わりとなる労苦を果たすこと）」に対する強い規範意識が、生活保護の制度や受給者をめぐって存在するのではないか。

4 「勤労の義務」という精神

†法の根本にある「勤労の義務」

本章では、社会から厳しい視線を向けられることもある生活保護について、法規定とその解釈を通じて、その正確な姿を把握することを目指した。

まず、生活保護は働かなくとも受け取れる、という言説について、稼働能力がある場合にはその「活用」が求められるため、原則としてその言説は不正確であることを確認した。ただし、働きたくとも働く場が得られない場合には、例外的にそれが当てはまる局面が存在した。

次に、生活保護を受けながら好き勝手に生活している、という言説について、行政による指導・指示が存在し、それに従わない場合には生活保護の打ち切りすら可能になるような法規定があるため、その言説も不正確であることを確認した。

そのうえで、本章で明らかになったことの一点目は、生活保護のあり方に対する、憲法上の勤労の義務規定の法的影響である。

稼働能力の活用や行政による指導・指示との関係で、生活保護受給者に対して、一定の職業に就くよう求めることができるかという問題があった。筆者は、この点は憲法上の「職業選択の自由」との関係で重大な問題が生じると考えたものの、その問題意識は裁判所の判決からは感じられず、学術的にも共有されていない。その背景には、憲法上の「勤労の義務」規定の存在が、無意識のうちに影響している可能性がある、というのが筆者の見立てである。

さらに生活保護受給者と自動車の関係についても、一般生活のための自動車保有は厳格に制限され、通勤および事業用資産という枠組みだけが別扱いになっている。つまり、働くことに関連する場合のみ、自動車の保有が認められる余地が大きくなっている。客観的に見れば、病院への送迎時のタクシー代支給の例のように、仕事に関係する以外の場面でも自動車保有を認めた方がはるかに合理的なケースもあるにもかかわらず、である。しかし、勤労の義務の法的効果を念頭に置けば、働くことに関してだけ自動車を別扱いすることもまた納得できる。

ただし筆者は、「勤労の義務」規定の解釈については異論の余地があると考えている。そして、勤労の義務規定を別の姿で捉えた場合、生活保護や社会保障全体の見え方が大きく変容する可能性がある。これについては、第五章で詳しく考えてみたい。

†「勤労の義務」という倫理観

つづいて本章では、生活保護の不正受給という、一見疑いの余地なく「悪い」ように感じられるものですら、個別の事例を見れば汲むべき事情があり、裁判所も受給者側の事情に一定の配慮をしていることを確認した。このような配慮については、適切であるという感想もありうる一方で、配慮は不要である（むしろ配慮すべきではない）という感想も想定された。

本書としては、受給者に対して配慮すべきでないという感想の背後には、「働くこと（働かない/働けない場合にはその代わりとなる労苦を果たすこと）」に対する強い規範意識、倫理観があるのではないか、と考えた。

それは、不正受給事案に対する配慮のみならず、生活保護制度全体を取り巻くものとして存在しているのかもしれない。例えば生活保護受給者と職業選択の自由の問題についても、本書は法的な勤労の義務との関係で整理したが、より素朴な感情として、「そもそも生活保護を受けているのなら職業の選り好みなどすべきではない。多くの人が生きていくために好きでもない仕事をしているのだから」と考える人もいるだろう。

そのような意識は、おそらくは法的な意味での勤労の義務よりもいっそう強く私たちの社会に根付いている。そして場合によっては、他者が生活保護を利用することに対する否定的感情につながる。さらにそれにとどまらず、自らが生活保護を必要とするような状況に陥ってもなお、「生活保護だけには頼らない、受給者と一緒にされたくない」という感情から、必要な保護を自ら遠ざけることにもなりうる。

つまり、このような意識自体が、生活保護が「最後のセーフティネット」としての役割を果たすことを妨げる、深刻な要因となっているように思われる。

ただし本書としては、「働かざる者食うべからず」ともいえるこの規範意識を批判するつもりはない。もちろん、「この意識を変える（捨てる）べきだ」と主張する方向性もありうるけれども、筆者自身もこの意識には大切な価値が含まれていると感じる。そのうえ、そもそも人の内心にアプローチすることは法律学の得意分野ではない。終章において、そのような規範意識があることを前提としつつ、それでもなおうまく作動する制度を提示することを目指したい。

さて、第一章から本章まで、現在の社会保障の問題点を取り上げてきた。それらの問題点は、本章で現れた、法的な「勤労の義務」と、それによく似た倫理観によって、全体として統一的に説明できるように思われる。次章では、これまで現れた論点の相互関係を整理し、本書が取り組むべき問題を明らかにしたい。

「勤労の義務」という呪縛

†「勤労の義務」と生活保護

ここまで、現在の日本の社会保障の問題点を列挙してきた。本章では、中間のまとめとしてそれぞれの問題の相互関係を整理し、それらの根底には何があるのかを検討したうえで、本書が解決すべき三つの課題を明確にしたい。

まず最初に指摘できるのが、日本の社会保障制度に対する、憲法上の「勤労の義務」(憲法二七条一項)の影響である。

第三章で検討したように、日本の社会保障において「最後のセーフティネット」の役割を担う生活保護では、以下のような場面で勤労の義務の法的な影響が感じられた。

一つ目が、生活保護の受給要件としての「補足性の原理」(生活保護法四条)である。この補足性の原理には、「能力の活用」が含まれる。その意味は、働く能力があるならまず働いてお金を稼ぎ、それを生活の糧とすることを求める内容であった。学説の多くは、この規定について、単に生活保護法上の義務に過ぎないのではなく、憲法上の勤労の義務が生活保護法という法律に具体的に現れた姿である、と説明する。

二つ目が、生活保護受給者の自動車の保有である。現在の制度上は、働くことに関連する場合にのみ、自動車の保有が認められる余地が大きくなっている。仕事に関係のない場面の中にも、自動車保有を認めた方がはるかに経済的に合理的なケースもあるが、そのようなケースで自動車保有が認められるのはごく例外的である。この点でも「働くこと」は特別な位置づけを与えられているのだが、勤労の義務を念頭に置くと納得できる。

そして三つ目が、生活保護受給者が「働き方」に関して、一定の仕事を辞めるように、あるいは一定の仕事に就くように、行政から指導・指示を受ける局面である。行政には、指導・指示に違反した受給者の生活保護を一時停止したり廃止したりする権限が与えられているため（生活保護法二七条一項、同六二条三項）、上記のような指導・指示は、受給者に対して、生活保護の受給権を「人質」にとって一定の働き方を強制するような効果を生じうる。

だが、日本国憲法二二条一項には職業選択の自由が規定されており、それは生活保護法に規定される指導・指示よりも法規範として上位にある。そのため上記のように働き方の自由を奪いかねない指導・指示は、憲法違反の疑いがある。ところが、そのような問題意識は学説にも裁判例にも乏しい。

しかしながらこの点も、生活保護、ひいては生存権の保障を受けるための「法的な前提」として勤労の義務が存在するのだ、との解釈をとれば、理解することができる。

†「勤労の義務」と社会保障

このような「勤労の義務」の影響は、生活保護においてのみ現れるわけではない。日本の社会保障体系の中で、質・量ともに中核的な位置づけを占める社会保険の仕組みにおいても、勤労の義務の影響が散見される（本書での「社会保険」の定義は「はじめに」を参照）。

例えば、雇用保険は失業した人に対する生活保障の給付などを備える。一九七五年の雇用保険制度の創設に職業安定局失業保険課長として携わった関英夫は、雇用保険およびその前身である失業保険を解説する著書の中で次のように記している。

失業保険が勤労権（憲法二七条一項）の裏付けである限り、失業保険の給付を受ける者は、反面、労働の義務（同項。条文上は「勤労」の義務）を負うものであるから、もし、その者が再び労働市場においてその労働力を提供する意思を失い、又はその労働能力を喪失した場合には、もはや勤労権の裏付けとしての失業保険の給付を受ける資格を失っているわけである。（関英夫『改訂 雇用保険法の詳解』ぎょうせい、一九八五年、四頁）

関は、失業保険のこのような性格が雇用保険にも引き継がれていると述べる。

そのため、雇用保険法上、職を失った本人に「労働の意思」がない場合には、生活保障の給付の対象とはならない（雇用保険法四条三項）。結果として、労働者として働いていた期間に保険料を強制的に徴収されているにもかかわらず、結婚退職して専業主婦（主夫）になる場合や、退職後に学業に就く場合などには給付は受けられない。

また、第二章で触れたように労働者の自発的な退職（いわゆる自己都合退職）に対しては、給付自体は実施するものの、その自己都合退職に「正当な理由」がなければ失業後の最初の一～三ヵ月間は給付を受けられない（同法三三条一項）。そのうえ、給付を受けるためには、公共職業安定所（ハローワーク）に「出頭」し、「求職の申込み」をする必要がある（同法一五条二項）。雇用保険におけるこれらの規定も、多くの研究者らが、憲法上の勤労の義務の具体化であると説明している。

このように勤労の義務は、法的な次元において、日本の社会保障制度のあり方に対して、ときには暗黙のうちに、ときには明らかな形で影響を与えてきたと言える。

それでは、これがなぜ問題なのか。

「はじめに」で示したとおり、情報技術の発展などにより、現代では人々の働き方、ひいては生き方が激変している。このような時代に適合的な社会保障制度を構想するうえで、勤労の義務規定が構想の「外枠」を規定してしまう可能性がある。なぜなら、他の法制度と同様、社会保障制度も憲法の枠内でのみ有効に存在しうるからである。

もし現在考えられているように、勤労の義務規定が法的意味を持つと解釈することが正当なのであれば、現在の社会保障のあり様には、勤労の義務との整合性と、制度としての一貫性があるとも言えるため、改革の必要性は低くなる。さらに将来的な構想としても、例えばベーシックインカムのように、勤労の義務を果たさずとも受給可能な仕組みを設けることは、憲法違反と評価されるおそれがある。

しかし他方で、もし勤労の義務規定に法的意味はないとの解釈が成り立つのであれば、第四章で検討した生活保護の問題をはじめ、現在の社会保障制度のあり様を問いなおす契機になる。さらに将来の社会保障を構想する上でも、勤労の義務が社会保障制度のあり様を拘束することはない。いわば、「働くこと」と社会保障を切り離すことができる。

つまり、憲法上に規定された勤労の義務について、それが法的な意味を持つものと捉える解釈は必然なのか、別の解釈の可能性はないのか。この点を探ることが、本書にとっての第一の課題ということになる。

†「勤労」の中身?

第二章では、第一章で示したような社会保障における労働者と自営業者の差異について、それが生じた経緯を歴史的な視点から検討した。

社会保険のうち雇用保険や労災保険は、労働保険とも呼ばれるように、当初から労働者という働き方を前提として制度が設計されており、自営業者はそもそも念頭になかった。つまり、これら二つの制度における労働者と自営業者の差異は必然とも言える。

これに対して、公的年金や医療保険については、国民皆年金や国民皆保険という目標からわかるとおり、労働者だけではなく国民全般が対象であった。そのため、労働者と自営業者の区別をしない制度を設計するという選択肢もあり得た。

ところが、当時の自営業の中心が家族経営の農林業であったという時代背景、自営業者の所得の把握などの技術的問題、労働者向けの制度が先行して存在していたという事情などから、労働者と自営業者の仕組みは区別されることとなった。保険料や給付に関する所得比例制の問題のように、当初はいずれ解消されるべきと考えられていた労働者と自営業者の取り扱いの違いも、年月を経て制度が確立していく過程で、働き方の差異に由来する当然の差異であると捉えられるようになった。

このように、歴史的には一定の必然性をもって、日本では労働者を中心とした社会保障制度が形成され、自営業者は制度上周縁的な位置づけに止まってきた。

そして筆者としては、以上のような社会保障の形成過程に、憲法上の勤労の義務規定が影響を与えた部分があったのではないかと考えている。

憲法二七条一項には、勤労の義務だけではなく「勤労の権利」も規定されている。この勤労の権利を具体化した制度として一般的に挙げられるものは、ほとんどの場合、先に挙げた雇用保険などの労働者のみを対象とする制度である。

また、憲法二七条二項は「賃金、就業時間、休息その他の勤労条件に関する基準は、法律でこれを定める」と規定する。条文上は「勤労条件」と書かれているものの、内容は明らかに「労働条件」であり（自営業者は雇い主からの指揮命令を受けずに働くため、就業時間や休息などを想定しづらい）、ここでも労働者のみが念頭に置かれている。さらに、憲法二八条の規定（「勤労者の団結する権利及び団体交渉その他の団体行動をする権利は、これを保障する」）による権利も、労働者のみが有する権利であり、自営業者には保障されるものではない。

このように、「勤労」「勤労者」の権利をめぐる議論の中心に置かれていたのは労働者であった。勤労に関する権利を持つのが労働者であれば、勤労の義務を果たすのも労働者である。そうすると、勤労の義務を果たすことに対する見返りとしての生存権の保障、つまり社会保障を享受するのも労働者であることになる。社会保障の法的な前提として勤労の義務が作用しているとすれば、「勤労＝労働」という観念を通して、勤労の義務規定の存在が労働者中心の社会保障の形成に寄与していた部分もあったと考えられる。

†時代状況の変化と「勤労」

以上のとおり、主として歴史的経緯により、そしてそこに勤労の義務規定が作用することによって、「働き方」（労働者か自営業者か）の問題が、社会保障のあり方の問題と一体不可分のものと捉えられるようになったと言える。

それでは、これがなぜ問題なのか。それは、新しい社会保障のあり方に関する議論が、「労働者保護」の問題にすりかえられるおそれがあるからである。

社会保障が形成されてから七〇年以上を経た現在、社会状況や働き方を取り巻く環境が激変している。もはや、自営業者の中心が家族経営の農林業であるという想定は実情に合わないと考えられる。このような時代状況の変化を受けて、社会保障のあり方をめぐる議論はどのように変容しているのか。

例えばいまだに、労働者という働き方が社会保障の中心的なモデルであるべきで、自営業者は生産手段を有する者であるためそれほど保護の必要性は高くない、と位置づけられているのか。そうであれば、果たしてそれは社会の実情に合っているのか。あるいは、労働者と自営業者について、ひいては社会保障のあり方について、異なるアイデアが議論されているのか。そうであれば、それはどのようなものか。

このように、本書が新しい社会保障のあり方を構想するための前提として、第二章で検討した社会保障の形成期以降の、働き方に関する社会情勢の変化を観察する必要がある。そして、その変化を受けて社会保障をめぐる議論がどのように変容しているかについても検討しなければならない。さらにそこに、「働き方」(労働者か自営業者か)の問題を社会保障のあり方の問題と不可分のものと捉える思考があるとすれば、そこでの勤労の義務規定の影響も考慮されなければならない。

これらの点が、本書が取り組むべき第二の課題ということになる。

「はじめに」で示したとおり、筆者自身は、これからの社会では働き方と生き方の変化がいっそう劇的な形で生じると考えている。そうすると、まさに今、「働き方」(雇用労働か自営業か)と社会保障の関係についての新しいアイデアを検討しておく必要があるのではないか。

†「働かざる者食うべからず」という倫理観

第四章ではまた、生活保護の不正受給に関わる事案を検討し、読者各位の「感覚」にも協力を仰ぎつつ、その事案を第三章で紹介した介護保険と情報提供義務に関する事案と比較した。この比較を通じて、生活保護制度やその受給者に対する厳しい評価の背景には、「働くこと（働かない／働けない場合にはその代わりとなる労苦を果たすこと）」に対する強い規範意識、倫理観があるのではないかと推測した（このような本書の推測が妥当かどうかについての評価も、終章に記載するQRコードからぜひ指摘してほしい）。

その倫理観は、誰もが知る言葉で言えば「働かざる者食うべからず」というようなもので、憲法上の勤労の義務が示す内容と非常によく似ているように思われる。

ここで、憲法上の勤労の義務規定と、社会における「働かざる者食うべからず」の倫理観の関係を裏付ける、興味深い資料がある。それは、日本国憲法制定時点における国民の意識を示唆する次の資料である。

一九四六（昭和二一）年三月六日、政府は大日本帝国憲法を改正して新しい憲法を作るための「憲法改正草案」を公式に発表した。その草案に対する国民の反応を探るために、政府は新聞やラジオを通じ、国民に対して投書を求めた。国民から寄せられた投書は合計で一八一二通（同一人による重複数を除けば一七七七通。一通の投書に複数の意見が書かれているものもあるため、意見の総数は二八二二件）であった。

なお、当時政府が公開した憲法改正草案には、第二五条に「国民はすべて勤労の権利を有すること」という条文が置かれていたが、そこに勤労の義務は明記されていなかった。

同年四月二二日、内閣審議室輿論調査班によって「憲法草案に対する投書報告」という報告書が作成された。報告書によると、国民の権利義務に関する事項に関しては、華族制度の即時撤廃を求める投書が最多であった（実数は二三七件）。そしてそれに次ぐのが、憲法改正草案に国民の権利を定める事項が多く国民の義務に関する規定が少ないことへの不満であり、中でも特に多かったのが、勤労の義務を憲法上明記することを望む内容である（実数は三一件。なお比較のために示せば、一般的に国民の義務の明記を望むものが一三件、納税の義務が一五件である）。報告書はこの点について、「勤労義務の明示を望むのが相当数あったことは「働かざる者食うべからず」の観念浸透を物語るものと言えよう」と評価している。

政府が公表した「憲法改正草案」には、華族制度を一定の限度で残す条文が規定されていた。そのため華族制度の存置が論点として明確化しやすく、その即時撤廃について二三七件もの意見が集中したことは理解できる。これに対して、勤労の義務については先述のとおり改正憲法草案に規定がなく、その意味では論点として可視化されていなかった。それにもかかわらず、勤労の義務の明記を求める意見が三一件も集まった点は特筆に値する。

報告書の言うように、勤労の義務規定を下支えするような「働かざる者食うべからず」の倫理観は、日本国憲法制定当時から社会に浸透していた様子がうかがえる。そしてその倫理観は、現代の日本社会にも強く根付いているように感じられる。

†倫理観が権利を阻害する

それでは、このような倫理観が存在することがなぜ問題なのか。それは、「働かざる者食うべからず」の倫理観が、社会保障の法的な権利を行使する上での阻害要因になってしまうからである。

第四章で示したように、このような倫理観は、他者が生活保護を利用することに対する批判につながる。またそれだけではなく、「生活保護だけには頼らない」という形で、自らを必要な保護から遠ざけることにもつながりうる。結果として、現在の生活保護が「最後のセーフティネット」としての役割を果たすことを阻害する要因となる。

この点を象徴する事件がある。産経新聞の報道（二〇二一年一二月二日付記事）をもとに紹介したい。

これは、八四歳の姉を五年ほどにわたって自宅で介護していた八二歳の妹が、介護に不安を抱いて姉を殺害した事件である。すでにほかの家族は他界し、頼れる親族もいなかったため、妹は一人で、要介護度が重くのちに寝たきりとなった姉の介護をしていた。週一回訪問看護に訪れていたケアマネジャーは、何度も特別養護老人ホームへの入所や生活保護の受給を勧めたものの、妹は、「入所費用を払うと生活できない。生活保護は絶対に受けたくない」と拒否し続けた。その理由は、幼い頃から両親に言われていた「人様に迷惑をかけるな」という教えだった。

これに関連する数字として、生活保護の捕捉率と言われるものがある。これは大まかに言えば、生活保護の水準に満たない収入で生活している人のうち、実際に生活保護を受給している人の割合を指す。捕捉率の概念が確立しておらず統計の取り方によっても幅があるが、日本ではこの捕捉率はおよそ二割程度と言われている。この数字で言えば、残りの八割程度の人が、生活保護以下の収入でありながら、生活保護を受けていないことになる。

生活保護には収入以外にも受給の条件があるため、それらの八割の人が申請すれば受給可能な人々であるとは限らない。とはいえ、諸外国と比較すると日本の捕捉率はかなり低いということについては、おおよそ見解が一致している。つまり、生活保護はそれを必要とする人に届いていていない。

社会保障は制度であり、制度を利用するのは人である。勤労の義務的な倫理観が人々の意識においてブレーキとして作用してしまえば、いかに理想的な社会保障制度が構築されたとしても、その制度は本来の効果を発揮しない。この点に対処しなければ社会保障の権利は絵に描いた餅になってしまう。

†問題の根本はどこにあるか

そしてこの倫理観の問題と、第三章で扱った社会保障の複雑さに伴う問題は、共通する構造を持っている。第三章の要点は次のようなものであった。

社会保障は、憲法二五条の生存権の実現にかかわるものとして、各種の社会保障給付を受給するための「法的な条件」に当てはまる「すべての人」にとって、現実に利用可能でなければならない。しかし、人が社会保障を必要とする場面とは、何らかの生活上の困難に直面していることを意味する。さらに社会保障の仕組みや手続きは複雑であり、専門家ですら正確に理解することは困難である。そうすると、利用者が自ら制度を調べあげ、適切な時期に適切に社会保障を利用することはなかなか難しい。

このような状況に対処するために、裁判所は情報提供義務という議論を用いて、社会保障を適切に利用できなかった人々に法的救済を行ってきた。この方法は非常に大きな意義を持つが、一方でその限界もあった。利用者の側からすれば、裁判による救済の効果は裁判で勝訴した人にしか及ばない。行政の側からすれば、適切な情報を提供することが負担となる可能性がある。さらに本来的な社会保障の提供者ではない民間の主体が、法的責任を負うおそれもある。

そうすると、裁判所による救済はあくまで対症療法なのであり、本来追い求めるべきは社会保障の利用しやすさの向上である。

では、なぜ現行の社会保障はこれほどまでに利用しにくいのか。それは結局、複雑な社会保障の制度の中から、利用者が必要な情報を収集し、必要な書類を揃えたうえで「申請」をする必要があるからである。つまり社会保障の制度としての複雑さが、人々による権利の行使を妨げる要因となっている。どれだけ理想的な給付が揃っていても、制度が複雑で理解困難あれば人々は給付を申請できず、実際に権利を使うことはできない。

この点がまさに、勤労の義務的な倫理観がもたらす問題と共通している。本人が社会保障を利用する条件を満たしていたとしても、「人様の税金には世話になりたくない」とか「制度を利用したら世間の目が恐ろしい」などという思いがあれば、本人は利用のための申請を行わない。結果として、権利はあっても行使されない。権利を行使せずに苦しむ人が、権利を行使した人に対して「私はこんなに頑張っているのにあの人は楽をしている」という非難を向けることで、勤労の義務的な倫理観は再生産され、いっそう社会保障が使いにくくなる。ここでも結局、申請に対する事実上のハードルが生じており、それが社会保障の権利の実現を阻んでいる。

つまり、勤労の義務的な倫理観も、社会保障の複雑性も、人々が社会保障の権利を行使する際の事実上の障害となっている点で共通する問題である。そしてその問題は、本人からの申請をきっかけとして社会保障が作動するという「申請主義」に起因している。

さらに社会保障の複雑性との関連では、申請主義の制度設計に、消滅時効（申請をしないまま一定期間が経過すると権利が消滅する仕組み）や非遡及主義（申請時よりも前に遡っての給付を否定する仕組み）が組み合わせられることが多い。そこには、「社会保障の権利を行使したいのであれば、たとえ複雑であっても、必要な情報くらいは自分で調べてきちんと申請をすることが当然だ」という思考も感じられる。事実、消滅時効制度の根拠の一つとして、「「権利の上に眠る者」は保護に値しない」という考え方がある。自分の法的権利を守るために必要な行動をとらない者は、権利を失っても仕方がない、という趣旨である。この考え方は、「働かざるもの食うべからず」という倫理観とよく似ていないだろうか。

そうであれば、「働かざるもの食うべからず」の倫理観が、制度設計や社会生活における権利行使の場面など、申請主義の周囲に入れ子構造のように顔をのぞかせている。

よって、このような倫理観が存在していてもなお、適切に作動する社会保障を築くために、本人による申請をベースとした社会保障に代わる制度設計を構想する必要がある。これが、本書が取り組むべき第三の課題ということになる。

そこで、次章以降では、以上のような三つの課題の解決に向けた検討を行う。まず第五章ではこのうち第一の課題、つまり勤労の義務規定の解釈をめぐる問題について、日本国憲法制定時の議会における議論を検討する方法によって取り組みたい。

第五章

「勤労の義務」の意味——日本国憲法制定時の議論を読む

1　なぜ「勤労の義務」を検討するか

†「勤労の義務」規定と法的な効力

前章までに検討してきたように、現在の日本の社会保障が抱えているいくつかの問題は、憲法上の「勤労の義務」の法的な影響に起因する。

この勤労の義務は、教育の義務（教育を受けさせる義務〔日本国憲法二六条〕）、納税の義務（同三〇条）と併せて、日本国憲法における国民の三つの義務の一つとされる。ところが、憲法について学んだことのある読者の中には、次のような疑問を持つ方もいるかもしれない。憲法というのは本来、国民ではなく国家に向けられた、国家の権限を縛るための法規範ではなかったか。なぜその中に、国民に義務を課するような規定が置かれているのか。

このような疑問はもっともであり、「憲法に書かれた義務規定」をそのまま、「憲法上の法的義務を定めたもの」と解釈することは、実は必然ではない。現在の学説の多くは、第三章で紹介したように勤労の義務規定の法的効力を認める説に立つものの、筆者が見る限り、それは十分な検討を経たものではないように感じられる。

そこで本章では、そもそもこの勤労の義務規定が、どのような経緯で、どのような意図をもって日本国憲法二七条一項に置かれたのかを確認したい。そうすることで、勤労の義務に法的効力を認める解釈が憲法制定時の議論と整合するのかを検討することができる。

なぜ本書にとってこの作業が必要なのか。その理由は以下の二点にある。

第一に、社会保障をめぐる現在のあり様の正当性をチェックするためである。前章までで明らかになった各種の「問題点」のいくつかは、勤労の義務の法的効果を念頭に置けば、何も「問題」ではなく、むしろ憲法に沿ったものであると考えることもできた。しかし、もし勤労の義務に法的効果がないとする解釈をとれば、各種の「問題点」を正当化する根拠がなくなり、それらは真に解決されるべき「問題」であることになる。このように、現在の社会保障への評価を確定する前提として、勤労の義務の法的効果を考える必要がある。

第二に、日本における将来の社会保障を構想する際の「枠」を確認するためである。社会保障の制度やあり様は、関係する法律の制定や、行政による各種の活動によって具体化される。しかしそれらは、すべて憲法の枠内でしか実施することができない。

憲法の最高法規性を認める日本においては、憲法に反する法律や行政の活動は、憲法違反としてその効力が否定される（憲法九八条一項）。つまり、勤労の義務に法的な効力があると解釈する場合、勤労の義務に反するような社会保障の仕組みを構想したとしても、（憲法が改正されない限り）その実施は法的には不可能であることになる。

よって、「働き方」との関係で、どこまで思い切った社会保障の構想が法的に許されるかという「枠」を探る上では、勤労の義務の法的効果の有無をまず確定することが必要である。

†法解釈に唯一の正解はない

ただしここで重要なのは、日本国憲法制定当時の議論を検討すれば、勤労の義務の解釈に関する「正解」が一義的に明らかになるわけではない、という点である。

これは、法解釈という作業の性質に起因する。法の解釈は、現実に存在する社会問題や法的な争いごとをどうしたらうまく解決できるかという考慮も含めて実施されるものであり、問題解決のための「道具」という側面を持っている。そのため、法解釈に唯一の「正解」があるわけではなく、もし正解があるとしても、それはその時々の社会状況や具体的な争いごとの中身によって変わりうる。つまり、個別の条文の制定に関する歴史的事実によって、解釈上の唯一の正解が決まるわけではない。

とはいえ、憲法制定時の議会における議論は、法解釈において最も重要な位置づけを与えられるべきものの一つである。そしてそれが、現在の通説的な理解とは異なる解釈の可能性を開くことも大いに考えられる。

「中間のまとめ」で示したように、勤労の義務の法的効力は、それとよく似た「働かざる者食うべからず」という倫理観、さらに労働／自営業という働き方の実態と混然一体となって、日本の社会保障のあり様に影響を与えてきたと考えられる。果たしてそれは、日本国憲法に勤労の義務規定が置かれたときに想定されていた形であったのか。もしかするとどこかの時点で、ボタンの掛け違いのようなことが起きていたのではないか。

本章では以上のような問題認識のもと、日本国憲法に勤労の義務規定が挿入されたときの帝国議会議事録を読み解くことで、勤労の義務の法的な意義について検討する。

2 日本国憲法制定時の帝国議会の議論

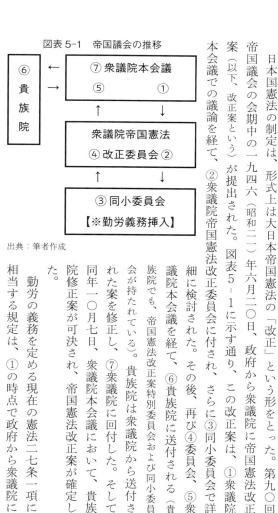

†帝国議会の推移と衆議院本会議での議論

日本国憲法の制定は、形式上は大日本帝国憲法の「改正」という形をとった。第九〇回帝国議会の会期中の一九四六（昭和二一）年六月二〇日、政府から衆議院に帝国憲法改正案（以下、改正案という）が提出された。図表5－1に示す通り、この改正案は、①衆議院本会議での議論を経て、②衆議院帝国憲法改正委員会に付され、さらに③同小委員会で詳細に検討された。その後、再び④委員会、⑤衆議院本会議を経て、⑥貴族院に送付される（貴族院でも、帝国憲法改正案特別委員会および同小委員会が持たれている）。貴族院は衆議院から送付された案を修正し、⑦衆議院に回付した。そして同年一〇月七日、衆議院本会議において、貴族院修正案が可決され、帝国憲法改正案が確定した。

図表5-1　帝国議会の推移

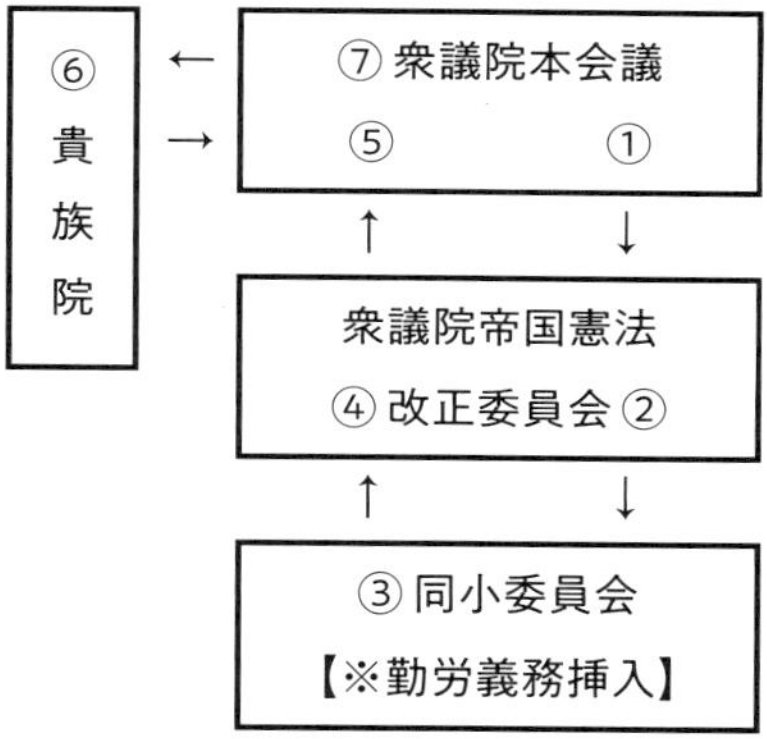

出典：筆者作成

　勤労の義務を定める現在の憲法二七条一項に相当する規定は、①の時点で政府から衆議院に提出された改正案では「二五条一項」に置かれていたのであるが、その中身は「すべて国民は、勤労の権利を有する」というものであった。つまりこの時点の改正案には、勤労の義務は規定されていなかった。

この点について、①の衆議院本会議（同年六月二六日）で、鈴木義男議員（日本社会党）から「我が国民意識の現状においては、義務も規定するの必要がある」のであり、「すべて健全なる国民は労働の義務と労働の権利とを有する」とすべきではないか、という質問がなされた。

これに対して国務大臣の金森徳次郎《かなもりとくじろう》は、改正案に義務規定が少ないという指摘には一定の理解を示しつつ、「日本の過去の姿におきましては、義務に関する思想が強く主張されまして、権利に関する思想が軽く扱われておる」から、「国民には権利という思想を強く理解せしむることが妥当」との「着想に基づき、主として権利の方面から規定を」している、と回答している。

このように、①の衆議院本会議の段階から、勤労の義務を規定すべきではないか、という意見は見られた。

†衆議院帝国憲法改正委員会での議論

その後、改正案の審議は②の衆議院帝国憲法改正委員会に移るのだが、そこでも、勤労の義務に関わる質疑が数度行われた。

第四回の委員会（七月三日）では、今後の民主主義的な日本の経済と国民生活の構造は社会主義に立脚すべきとの立場をとる穂積七郎《ほづみしちろう》委員（日本社会党）から、「勤労に対する権利だけではなしに、より勤労の義務制をここで確立すべき」との主張があった。これに対して金森国務大臣は、ポツダム宣言との関係も踏まえ、そのような議論は、「これからこの民主政治の道程において論議し、研究して解決せらるべき」問題であり、「にわかにこれを憲法に取入れることは、ポツダム宣言の実行に伴うこの改正としては、顧念すべき理由が多い」と答弁している。

その他にも、第八回の委員会（同年七月八日）では上林山栄吉《かんばやしやまえいきち》委員（日本自由党）が、権利は義務を伴うことを国民にわかりやすく伝えるなどの理由から「第二十五条の中に「国家公共の為に勤労奉仕の義務を必要とする」」と加えるべきではないか、との指摘をした。これに対して金森国務大臣は、権利と義務の関係は改正案一一条に網羅的に示されているのであり、殊更に義務を強調することには懸念がある、と答弁した。なお、ここでいう改正案一一条は、「この憲法が国民に保障する自由及び権利は、国民の不断の努力によって、常にこれを保持しなければならない。又、国民は、これを濫用してはならぬのであって、常に公共の福祉のためにこれを利用する責任を負う」との規定である。

さらに第一六回の委員会（同年七月一八日）では棚橋小虎《たなはしことら》委員（日本社会党）から、勤労の能力を持ちながら勤労する意思のない者や、働かずとも生活できる資力があるため勤労しない者がいる現状は、社会正義からも国民経済からも悪であり、国家再建に向けて国民の努力・献身を求めるために、勤労義務の規定を設けることが「今日の日本の国情にあっては殊に大切なことではないか」との質問がなされた。これに対する金森国務大臣の答弁も、上記と同様、改正案一一条にその趣旨は明示されている、とものであった。

このように、①衆議院本会議および②衆議院帝国憲法改正委員会においては、勤労の義務規定を設けるべきだという主張が、複数の議員から提起されていた。しかし、それに対する政府の応答は否定的なものであった。政府の応答には、憲法に「義務」規定を書き込むことへの抵抗感が示されている。

ところが、③の衆議院帝国憲法改正小委員会においてこのような状況が一変し、勤労の義務規定が挿入されることになる。次節で、この小委員会での議論を詳しく見てみたい。

3 衆議院帝国憲法改正小委員会による勤労義務の挿入

†小委員会の構成と生存権への言及

一九四六（昭和二一）年七月二三日、前述の②衆議院帝国憲法改正委員会において、改正案に関する質疑を終えて討論に入る際、芦田均《あしだひとし》委員長から、「議事の進行上、十名位の小委員会を設け、修正案の取扱いを担任」させたいという提案がなされた。そして芦田委員長の指名により、③衆議院帝国憲法改正小委員会（以下、小委員会という）が構成された。

図表5-2　小委員会メンバー

芦田均（委員長／日本自由党）
廿日出厖（日本自由党）
江藤夏雄（日本自由党）
犬養健（日本進歩党）
吉田安（日本進歩党）
鈴木義男（日本社会党）
森戸辰男（日本社会党）
林平馬（協同民主党）
大島多蔵（新光俱楽部）
笠井重治（無所属俱楽部）
北昤吉（日本自由党）
高橋泰雄（日本自由党）
原夫次郎（日本進歩党）
西尾末広（日本社会党）
＊参考のため政府委員として佐藤達夫（法制局次長）が出席

出典：帝国憲法改正案委員小委員会速記録第１回および国会図書館ウェブサイト（https://www.ndl.go.jp/constitution/gaisetsu/syugiin.html）を参照のうえ筆者作成。

議事の進行方法として、各党派において改正案に対する修正等の意見がある場合には、すべて小委員会に付託して意見をまとめることが求められ、また「小委員会は案文全条に亙《わた》って検討する権能を持つこと」とされた。

図表５－２に示すとおり、小委員会は芦田委員長を含む一四名の委員から構成され、そこに

参考意見を述べるための政府委員（法制局次長）が加わっていた。

同年七月二五日に第一回の小委員会が開かれた。小委員会では、改正案の前文から始まり、第一条からおおよそ条文の順番どおりに検討がされた。勤労の義務に関して委員が言及したのは同年七月二九日の第四回小委員会の、改正案二三条（「法律は、すべての生活部面について、社会の福祉、生活の保障及び公衆衛生の向上及び増進のために立案されなければならない」）に関する検討の局面であった。

この条文は、現行憲法二五条二項に相当する規定である。これに対して日本社会党から、「原理」的な規定（現行憲法二五条一項の生存権規定に相当するもの）を、新しく一項として挿入すべきとの主張があった。この際、日本社会党案を説明した森戸辰男委員は、国民に「労働の権利義務があると同時に、生活に対する最小限度の権利を有することがはっきり出る」ことが重要である、「消費の面に於ける国民の個々の生活の権利、そうして生産の面における国民の労働の義務というものがないと（…）民主憲法であるという意味が通らない」と述べた。

このように、同年七月二九日の第四回小委員会で、のちに「生存権」と呼ばれる規定との関係で「労働の義務」について日本社会党が言及したことが、翌日の議論の布石のような形になった。

†「勤労」か「労働」か

勤労の義務の挿入が正面から議論されたのは、一九四六（昭和二一）年七月三〇日に開催された第五回小委員会においてであった。先述のとおり勤労の権利だけを定めた改正案二五条に対して、日本社会党と協同民主党から勤労（労働）の義務の定めを入れる修正案が提出された。さらに新光俱楽部からは、同様の規定を改正案二六条に加える修正案が出された。そして結局、同日の委員会で、勤労の義務の挿入が、ほぼ全委員の賛成により確定した。

議論の過程では、勤労の義務を規定する際の細かい文言や規定の仕方に関して、各党・各委員の思惑が入り交じっており、多少の議論の混乱も見られる。そのため、以下で議論を検討するにあたっては、議論の中身を捻じ曲げないように注意を払ったうえで、適宜時系列を入れ替えるなど読みやすいように整理して紹介する。

まず出発点として、「労働」の権利・義務ではなく、「勤労」という語が採用された理由を確認したい。勤労（労働）の義務規定の挿入を求める修正案のうち、政府の改正案と同じく「勤労」の文言を使って「勤労の義務」とする用語法（協同民主党・新光俱楽部）と、「労働」義務とする用語法（日本社会党）があった。用語法の違いに何か理由があるのかを日本自由党の廿日出《はつか》庬《でひろし》委員が尋ねたところ、日本社会党の森戸委員が次のように答えた。

我々は労働と云う言葉を使った方が宜いのではないかと思う。労働組合法というものがあって、労働者の団結の権利、団体交渉権、労働条件、皆労働となっております。（…）所が労働というものが何か多少具合の悪いような感じを持たれ、他の理由もあって労務ということをお役所では使い出したのです。それから主に戦争中今度は勤労ということを言い出した。日本主義の人は勤労というのは天皇に奉仕するという特別の意味があるのであって、労働というのは労資対立を意味するからいかぬという「イデオロギー」の上から労働という言葉を廃止しなければならぬ、こういう考えで勤労と大体変えるようになったと私共は承知しております。ところが実際はむしろ初めに自然に出来た労働、労働者という言葉の方が通俗であって、実際にも宜いのではないか。そうして普通にも筋肉労働、精神労働というように使い慣しておりますし、労働者、労働組合という言葉が又復活した。むしろこの際労働という言葉に直した方が時勢に合うのではないか、こういうように考えております。

このように、日本社会党は意識的に「労働」という語を用いていた。その際、主に念頭に置かれていたのは、団結権や団体交渉権への言及などからすると、自営業者・個人事業主などを含まない、文字通りの「労働者」であったようである。
この応答に関しては、犬養健《いぬかいたける》委員（日本進歩党）から、「勤労大衆の名において」というように、勤労の方が意味が広いのではないか、また「天皇に奉仕するというような、あるいは国民に奉仕するというような観念は我々にはどうも……」などと、少し首を傾げたような感想が示された。
そこで日本社会党の鈴木委員が、政府の改正案がもともと「勤労の権利」と書いていたことについて、「法制局の御意見を承りたい、何か御考えがあって使った言葉ですか」と尋ねたところ、佐藤達夫政府委員は次のように答えた。

この点は私共も苦労致しましたが、結局今犬養さんが仰った勤労大衆の名において——その勤労が智的というか、普通の筋肉労働ばかりでなしに、もっと広い感じをこれに含めたいという気持ちを持った訳でございます。言葉として見た場合には、何となく勤労という字の方が広くはないかという考えでこちらを選びました。

このように政府としては、「労働」というと肉体労働を指すような印象があるから、より広い意味を含める意図で「勤労」の語を使っていた。上記発言の「何となく」という点に象徴されるように、そこにあまり深い意味はなかったようである。

佐藤政府委員の発言に対して、鈴木委員が「これはどっちでも間違いではないので、我々は将来出来るだけ労働という言葉を慣用語にしたいという希望をもって使った訳です」と述べ、日本社会党としても用語法にそこまでこだわらない姿勢を見せた。

このような議論の経過に加えて、後述するように条文上の表現の問題を収束させるための便宜もあり、もとの政府案どおり「勤労」の語が用いられることになった。

†「勤労」とは何か

次に、ここでいう「勤労（労働）」の意味内容について確認したい。

先述のとおり日本社会党は「労働」という語を用いており、雇用労働を中心とする意味で考えていたようである。また政府案も、広く肉体労働だけではなく頭脳労働も含むような意味であった。

その他では、日本進歩党の犬養委員は、勤労の義務が徴用につながるのではないかという疑問があり得ることは認めつつ、実際には徴用のような法律が作られる危険はないのではないかとしたうえで、「崇高な義務観念から勤労国家として再生する見込みで、勤労に対して十全の義務をお互いに負って行くことが権利となる」という見解を示す。また、日本自由党の廿日出委員も、雇用関係を念頭に置いた発言をしている。

以上のとおり、委員会全体の認識として、勤労〔労働〕の義務にいう「勤労〔労働〕」について、少なくとも「働くこと」を意味する点では共通しており、その中でも雇用労働を中心的にイメージしていた委員が多かった様子が見て取れる。

しかし他方で、協同民主党だけが「勤労」に関して異なる意味を込めようと考えていた。同党の林平馬《はやしへいま》委員は、勤労の意味内容について次のように説明する。

これは実は第二十四条〔教育の権利〕に含まれる性質のもので、教育の意味を含む義務なんです。御承知のように、殊に農村の青年などは二十歳になれば兵隊に行くということが常識になっていて、行って来れば何となく人間がしっかりして来たという意味から歓迎されていた部分も相当ある。それが今度は永久になくなる訳で、殊に昨今の農村における青年男女は、指導者もなければ健全な娯楽もなく、また希望もない、精神的に非常に気の毒な状態になっている。これは将来の国民という意味から大いに重大な関心をもって見なければならぬと思うのです。そこでやはり二十前後と云うものは子供から大人に切り変わる時ですから、一つの教練と言いますか、教育と言いますか、義務と言いますか、そういう関門を通すということは非常に宜いことで、平和日本建設という大目的の上にこの青年男女を用いて、あるいは半年でも一年でも義務的に労働させて、産業の方面に、物の増産、生産方面に働かせつつ、一面には社会奉仕であり、一面には訓練教育と云う大きな目的に合致するような風に進みたいものだ、こういうような含みをもって実はここに挿入せんとする訳であります。

つまり協同民主党の考える勤労（労働）とは、戦前の兵役に代わって、二〇歳前後の青年の人間形成を促す教育訓練としての義務的労働であった。

これに対して日本社会党の鈴木委員が、同党としても「勤労と教育の結合」を「第一の教育の文化政策の頭に掲げている」のであり、「協同民主党の御提案の趣旨は大賛成ですが」としつつ、「強制労働、苦役ではないけれども、そういうことは刑罰の場合のほか日本国民としてされないということになっておる」から難しいのではないか、との見解を示した。

結局、協同民主党の考える青年教育のための義務的労働は他の委員の賛同を得られず、単独説のような形になった。

†「法的義務」か「道徳的義務」か

勤労の義務の挿入について最も意見が分かれ、議論が紛糾したのは、勤労の「義務」の法的効力との関係において条文上の文章表現をどうするかという点であった。

まず、日本社会党の提案した「労働の義務」は、ドイツのワイマール憲法を「御手本」にしたことが同党の鈴木委員より明かされた。そのうえで同党の森戸委員が、その義務の性質について次のように述べる。

この義務というのは、差し当りは道徳的の意味です。それで国家危急の場合には無理にもやらせるという場合もあるけれども、差し当りの場合は、道徳的に働く義務があるということを示すという意味です。

このように基本的には道徳的な意味と考えた日本社会党に対し、協同民主党は正反対の意図であった。同党の林委員は、政府の改正案二五条の第三項に、新しく「勤労の義務は法律で定める」という条文を挿入したいと考えていること、その意味で同党の考える勤労の義務は「道徳的ではなく、法律的義務」であることを説明した。先に紹介したように、協同民主党の想定する勤労の義務は、青年の人間教育のための義務的労働であったことからすれば、同党が勤労の義務を「法律的義務」としたいと考えることには一貫性がある。ただし先述のとおり、協同民主党の提案は、日本社会党の鈴木委員の反論を除けば、他の委員からの反応を得られていない。

また新光倶楽部も、日本社会党、協同民主党と同じく勤労の義務規定の挿入を提案している。新光倶楽部はもともと、政府の改正案二五条ではなく二六条に「すべて国民は、法律に定めるところにより、勤労の義務を負う」という文章を加える案を持っていたのだが、同倶楽部の大島議員は、日本社会党案を念頭に置いて、下記のような折衷案を示す。

これも便宜上この二五条の所へ一括して御願いを致したいと考えております。こういう風に書いたならばどうだろうかと考えております。「すべて国民は、法律に定めるところにより、勤労の義務と勤労の権利を有する」。そうすると社会党の主張と私の方の主張とが一緒になると思いますが、この点社会党のお方はどうでございましょうか。

芦田委員長に応答を促された日本社会党の鈴木委員は、「至極結構ですが、「法律の定めるところにより」というのは義務の方に掛かるとかなり「デリケート」な問題を起すので、掛けたくないのですが……」と難色を示す。鈴木委員の意図するところは、「法律の定めるところにより」という一文を憲法に書いてしまうと、それが「勤労」を国民に「法的義務」として負わせるような法律が作られる根拠となりうることに対する懸念であろう。

この鈴木委員の発言に対しては、大島委員ではなく芦田委員長が、次のように応答した。

私の方の感じは、こう書いて置かないと、一部の人の心配するように、徴用みたいな変なものが——そういうことは法律がなければ出来ない訳だと思うけれども、「法律の定めるところにより」ということがむしろ一つの保障になるだろうと、こういう風に思ったのですがね。

この芦田委員長と鈴木委員の応答は、両者とも同じ目的（懸念）に基づきながら、異なる規定方法をとろうとしている点が非常に興味深い。

つまり芦田委員長がここで言おうとしているのは、「法律の定めるところにより」という文言を憲法に書くことによって、憲法上の勤労の義務規定から直接に、徴用を含むような勤労の法的義務が国民に負わせられることはない、もしそのような法的義務を国民に負わせたいのであれば、別途その趣旨の法律が作られなければならない、ということを明示できるという趣旨である。その意味で、「法律の定めるところにより」という文言が「保障」であることになる。

†道徳的義務としての見解の一致

芦田委員長のこの見解については、鈴木委員が、次に示すように改正案二五条の一項と二項の規定内容の重複が生じる点を指摘する。

この議論を皮切りに、勤労の義務を文言上どのように表現するかに関する議論が展開していく。議論の過程を臨場感を持って示すために、議事録の一部をノーカットで引用する。

鈴木委員（日本社会党）「しかし「法律の定めるところにより」ということは、後で勤労条件は法律でこれ定めるとあるから、重複しますね」

芦田委員長（日本自由党）「それよりももっと広い保障になるのではないでしょうか。例えば賃金とか何とかということは、法律で決まっているにしても、法律に依らずして、勝手に人を引っ張って来る、そうして賃金や就業時間や、そんなことは法律の基準で払うといった場合にも、法律の定める所によるといえば、一種の保障が出来るように思うのですけれども……」

鈴木委員「これは外の方でも、法律の定める所に依るということを書かないで、例えば集会、結社、言論の自由、学問の自由、皆法律の定める所によりとは書かないのですから……」

芦田委員長「書いてある所と書いてない所があるのですから……」

鈴木委員「勤労の権利だけを書くのは変ですね」

芦田委員長「大島君、「法律の定めるところにより」というのは取ったらどうでしょうか」

大島委員（新光倶楽部）「それと私が入れて貰いたい所は……」

芦田委員長「権利と義務と両方にかかるという訳ですね」

大島委員「委員長から先に仰ったように、無理やりに誰でも労働を強制されるような心配があるだろうと思うのです。だからそういう所の、どういうものを働かせるかという細かい規定を法律に依って決めなければ、この条文が濫用されたり何かする恐れがあると考えたのです」

鈴木委員「一つの妥協案を提案します。ワイマール憲法には、徳義上の義務を沢山書いてありますね。だから「すべて健全なる国民は労働の道徳的義務と労働の権利を有する」という風に、道徳的という言葉を冠すれば、そういう疑いが起らないで宜いと思います。勤労（の権利）の方は当然法律で定める。どうでしょうか」
江藤委員（日本自由党）「私もその通りに思います。労働の義務ということと、何かそこにもやもやがあってはならぬということもありますし、その点がどうもはっきりしませぬ。今の「道徳的」ということを入れて貰えば、非常にこの点が明瞭になって宜いのではないかと思います」
鈴木委員「一行別にして書いても宜いのです。「勤労の権利を有する、なお健全なる日本国民はその労働力を公共の為に捧げる義務を有する」とか……」
芦田委員長「道徳的規定に違いないけれども、明らかにこれは道徳的教えだぞということを憲法に表わすのはどうですか」
鈴木委員「そういう精神から書かなかったのですが……」
芦田委員長「道徳的に国民に教えなければならぬことは沢山ありますね。だからそれはなるべく省いてあるのだが、それを表向きに必ず道徳でお前達はこうすべきだぞということを言うのは、他の章との釣り合いが、いかにも……」
江藤委員「今日ここで審議している憲法それ自体の成立ということについては言う必要もないのですが、しかしとにかく今日の日本で要求せられているものは何か、この憲法において要求しているものも何かということを、ある程度は歴史的あるいは社会的な色々な条件というものに基づいて、これを回復して行かなければならぬと思うのですが、そういうように考えた場合において戦時中あるいはその前からいわゆる国家的義務という名の下に非常に悪いことが色々行われて来た。個人の解放ということがこの憲法の基調にもなって来ているし、それに基づいて色々修正すべきことが出て来ているが、根本の基調は個人の解放ということであるから、その根本的基調だけは毀《こわ》したくないと思うのです。そういう意味から言っても、こういう点は法文の体裁からいうと、道徳的という言葉を入れるのはおかしいかも知れぬけれども、やはりその点ははっきりしておいた方が宜いのじゃないかという感じが非常に強いですね」

犬養委員（日本進歩党）「先程の御話の道徳的義務というのも一案だと思います。それでまとまらなければ、ほんの私案ですが、第二項に賃金、就業時間の上の義務内容というものを今の次に入れて、そういうものに関する基準にするというのも一案じゃないか。ちょっと御参考までに……」

この議論からわかる通り、勤労の義務を道徳的義務と考える点、勤労の義務規定を挿入した場合にそれが濫用される危険性を懸念する点については、委員間で一致している。ただ、憲法という法規範の性質との整合性、ほかの条文の文言との整合性から、勤労の義務をどのような文言で規定すべきかについて議論が分かれている。

とはいえ文言の調整は重大な問題であり、なかなか収束しなかった。

†文言の確定

混迷に陥りかけた議論のさなか、犬養委員の発言の後に、芦田委員長が一つの発言をする。その発言をきっかけに、文言をめぐる議論は急速にまとまっていく。以下に、先に示した議事録の続きを再度ノーカットで引用する。筆者としては、委員たちの緊張が解け、安堵の雰囲気が広がる様子が見えるように感じる。

芦田委員長「一番簡単なのは第二十五条の原案の〔文言を活用して〕「すべて国民は、勤労の権利を有し、義務を負う」とすれば、一番短くて簡単に片付く訳ですが、それではどうしても駄目でしょうか」

鈴木委員「駄目じゃない、それなら結構です。法律に定めるところによるということだから……」

大島委員「それでも宜いのです」

芦田委員長「「すべて国民は、勤労の権利を有し、義務を負う」……」

吉田委員（日本進歩党）「それならはっきりするな」
犬養委員「大島さんは余程これを御心配ですか」
大島委員「いやそんなに心配じゃないですけれども……」
芦田委員長「それで御異議がなければ、そういうように直したらいかがでしょうか」
犬養委員「私の方は結構です」
林委員（協同民主党）「我が党もそれと同じですから結構です」
大島委員「賛成でございます」
芦田委員長「それではそういうことに――」

このように芦田委員長が、もともとの政府の改正案第二五条（「すべて国民は、勤労の権利を有する」）の文言を活用して、そこに「義務」を組み込む発案をしたことで、委員会全体の一致が導かれた。この時点で、「すべて国民は、勤労の権利を有し、義務を負う」という文言によって勤労の義務規定を挿入する案が形成された。この文言はそのまま、現在の日本国憲法二七条一項へとつながっている。

後日の第七回小委員会（同年八月一日）で、生存権規定を持たなかった改正案二三条につき、社会党が中心的に主張したことで、生存権規定を加える修正がなされた。

同年八月二〇日、第一三回小委員会をもって小委員会での検討作業が終えられ、その検討結果が、先述の④の衆議院帝国憲法改正委員会（第二一回：同年八月二一日）にて報告された。その際、勤労義務の挿入は生存権規定との関係で説明された。すなわち、「生活権〔現在の憲法二五条の生存権に該当〕の保障を規定する以上、他方に労働の義務をも規定することが正当」との説明である。

この説明は⑤の衆議院本会議（第三四号：同年八月二四日）でも繰り返され、賛意を得た。その後、貴族院での審議を経て、同年一〇月七日の衆議院本会議において憲法改正案が確定する。

最後に、本章で検討した内容をまとめておきたい。

4 勤労の義務の法的意義

†イデオロギーを超えた合意

勤労の義務規定が挿入されたのは、先述の③の衆議院帝国憲法改正小委員会においてであった。小委員会には六つの政党から委員が出ており、新憲法制定に関してそれぞれの思惑があるなか、勤労の義務規定に関しては小委員会の全会一致で挿入されている。

勤労の義務の挿入を提案した三党のうち日本社会党は、ワイマール憲法を手本にしていたこと、現在の生存権に相当する規定を挿入することを視野に入れつつ勤労（労働）の義務挿入を主張したことが示されており、その限りでは、勤労の義務規定に日本社会党の特色が表れていると評価できなくもない。しかしより重要なのは、日本自由党を含む他党の委員もすべて勤労の義務規定の挿入に賛同していることである。

その背景には、敗戦後の日本がこれから復興していくためには、全国民が懸命に働き、「勤労国家」として再生していくことが必要だ、との共通認識が垣間見える。小委員会よりも前の①衆議院本会議や②同委員会でも、勤労の義務規定の挿入を求める声が上がっていた事実が、この理解を裏付けているように思われる。

現在では、日本国憲法上の勤労の義務規定について、社会主義的だ、共産主義的だとか、逆に資本主義的だ、新自由主義的だ、などと評されることもあるようであるが、制定時の議論を見る限りでは、イデオロギー的な特色を超えた部分での共通合意というのが実態であったと感じられる。

†「勤労」と「義務」

また、「勤労」の語については、勤労の義務規定が挿入された第五回小委員会で、森戸委員が労働組合法や「労働者の団結の権利、団体交渉権、労働条件」等に言及して「労働」という言葉を用いるべきという主張をしたものの、それに対して「勤労」の方がより意味が広いのではという発言があり、勤労の語が採用された。ただしこれは、文脈上、筋肉労働だけではなく知的な労働も含めるという意味での「広さ」であって、労働者だけでなく自営業者まで含めるという意味での「広さ」を意味するものではないように読める。

この点からすると、「勤労」の語はとくに働き方を限定する趣旨ではなかったように思われるものの、あくまで中心的には筋肉労働や知的労働といった雇用労働がイメージされていたように感じられる。

さらに最も重要な点として、一部の例外はあるものの、ほぼ全委員が、勤労の義務を道徳的義務として考えていたことが確認できる。そのうえで、勤労の義務規定を憲法に書くことによる同規定の濫用の危険性への対処や、憲法という法規範に道徳的な規定を置く際の文章表現について、委員間で真剣な議論が交わされていた。

本章の冒頭で示した通り、憲法制定時の議論で道徳的義務と想定されていたからといって、勤労の義務規定を道徳的義務と解釈することが唯一の正しい解釈であるとまでは言えない。しかし同時に、憲法上の勤労の義務は法的義務であるとの通説的見解は少なくとも歴史的な経緯とは一致しないものであり、必然性のある解釈ではないということになる。歴史的経緯に沿う形で、勤労の義務規定を道徳的規定だと解釈するのであれば、「働くこと」を社会保障の受給のための法的な前提条件と考える必要はない。つまり、「働くこと」と社会保障を法的な意味で切り離すことが可能になる。

ただ、勤労の義務規定を道徳的規定だと解釈することが「可能」だとしても、それが「必要」だと言えるかどうかはまた別の問題である。次章では、働き方をめぐる時代状況の変化と、社会保障をめぐる状況の変化を観察することで、勤労の義務規定を道徳的規定だと解釈する必要があるか、ひいては「働くこと」と社会保障を切り離すべきかどうかを検討したい。

第六章 働くことと社会保障を切り離す

1 変化する働き方

†働き方と社会保障の関係を問いなおす

第五章で、歴史的経緯からすれば、憲法上の勤労の義務は法的意味を持たない、単なる道徳的規定であるという解釈も成り立つことを示した。そのような解釈によれば、「働くこと」を給付の前提条件としない社会保障のあり方を構想することも法的に許容される。つまり、「働くこと」と社会保障を切り離す議論の可能性が開かれる。

これに対して本章では、新しい時代の「働き方」と社会保障の関係について検討する。第二章では、一九五〇～七〇年代の時代背景と社会情勢のもと、いわば必然的に労働者中心の社会保障が形成される過程を確認した。しかしそれから半世紀以上を経て、私たちはインターネットを知り、スマートフォンとSNSを知り、AI（人工知能）を知った。一九五〇年代には空想すらできなかったような技術革新は、いま現在も加速的に発展している。これほどまでに社会状況や人々の生き方が激変し、さらにこの先も変化し続けていくと考えると、働き方と社会保障の関係についても、これまでとは異なるアイデアが必要なのではないか。

この問題を考えるにあたり、まずは一九五〇年代から現在までの就業実態をデータで確認したい。図表6-1は、第二章で示した内容を、年代を変えて示したものである。

有業者のうち労働者が占める割合は年々増加しており、二〇二二年には労働者の割合が有業者のうち八五％を占めている。反対に、自営業者と家族従業者はいずれも年を追うごとに減少しており、二〇二二年の時点では有業者のうちのごく小さなカテゴリーに過ぎない。

このデータからは、逆に本書の問題意識そのものへの疑問が感じられるかもしれない。労働者が圧倒的多数を占める現状で労働者中心の社会保障を維持することに何の問題があるのか、むしろそれは社会の状況に適合しているではないか、という疑問である。

しかし本書は、このような状況であるからこそ、働き方と社会保障の関係を問いなおす

図表 6-1　有業者総数に占める労働者・自営業者・家族従事者の割合

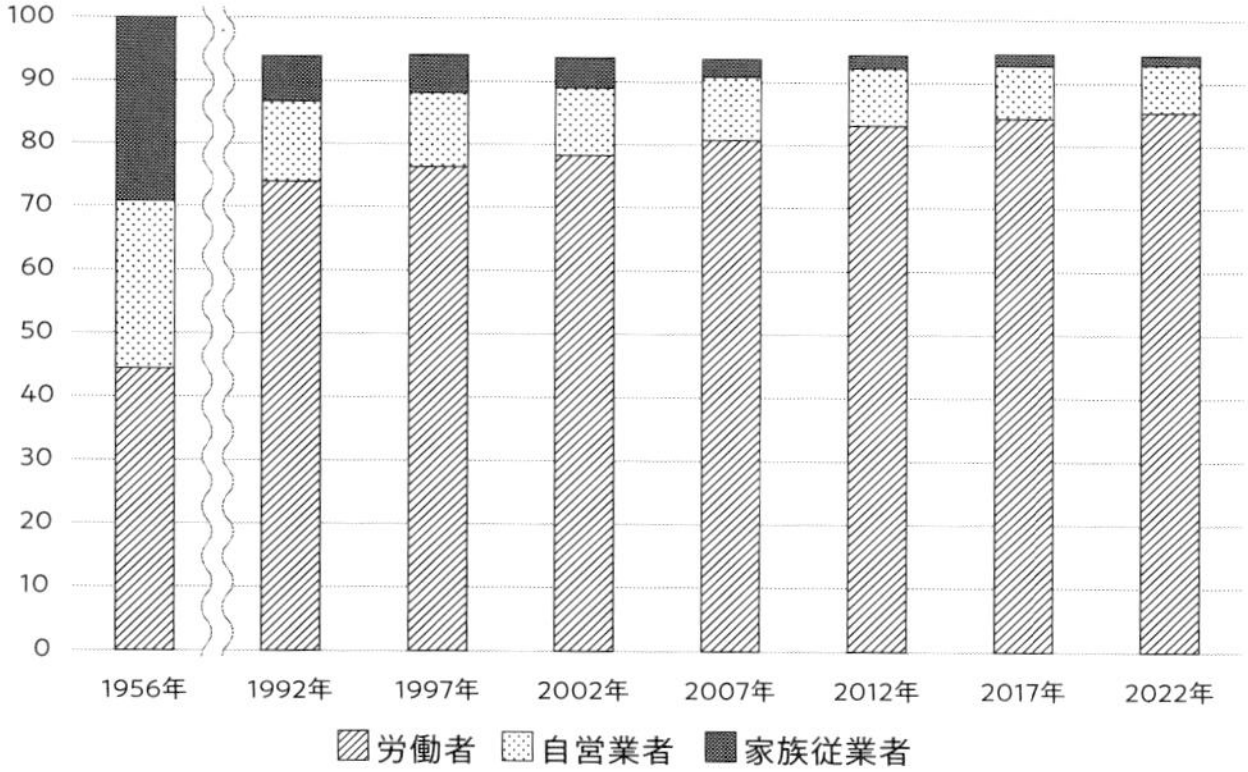

注：1956 年の「労働者」は「会社などの役員」を含む。それ以外の年で「労働者」「自営業者」「家族従業者」の合計が 100% にならないのは、「会社などの役員」を除外しているため。
出典：就業構造基本調査「男女、従業上の地位、雇用形態、産業別有業者数（昭和 31 年〜令和 4 年）」（2023 年 7 月更新）より一部を抜粋・改変のうえ筆者作成。

ことが重要であると考えている。その理由を、以下の三つの観点から示したい。

†非正規労働者などの状況

図表６－２は、公的医療保険のうち、おもに自営業者が加入する国民健康保険（国保）の被保険者の職業である。

一九六五年度には、農林水産業とその他の自営業が被保険者のうち七割弱を占めていた。しかしその後、両者が占める割合は減少していき、二〇二〇年度では二割に満たない。むしろ国保の被保険者の大多数は、無職者と被用者（労働者）によって

図表6-2　国保加入の世帯主の職業別世帯数割合構成の推移

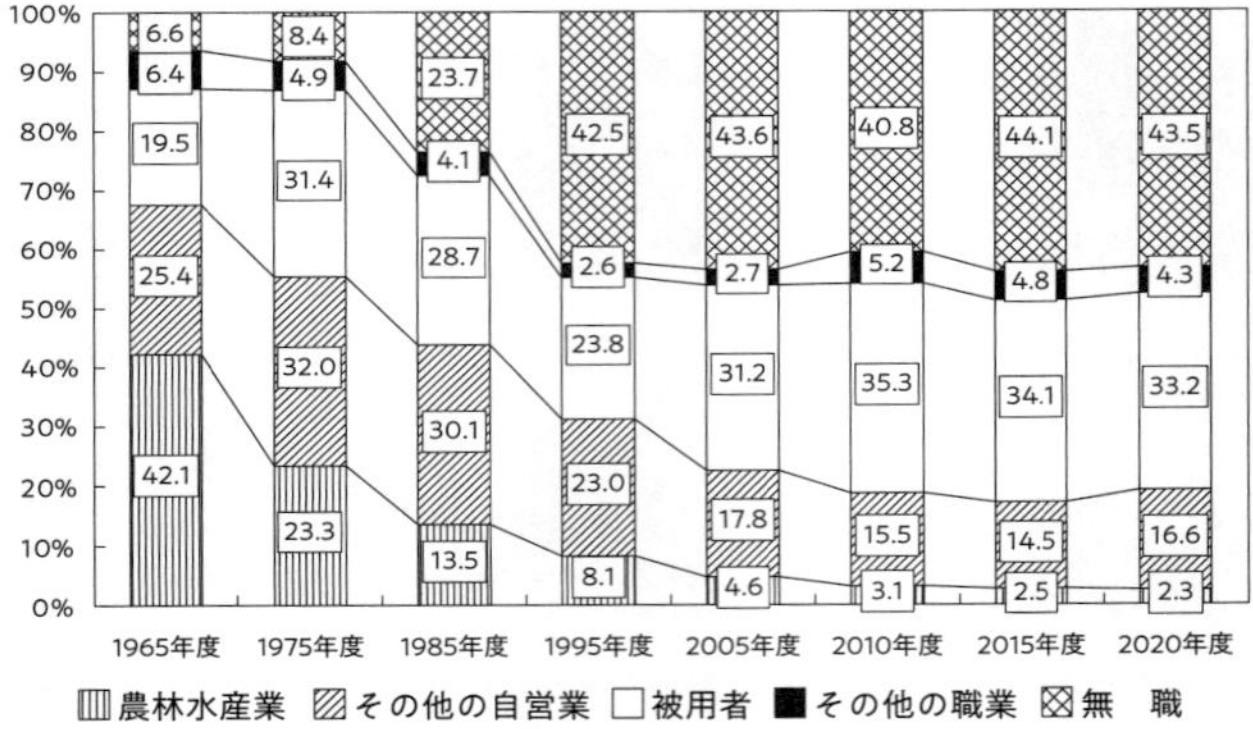

出典：国民健康保険実態調査 令和4年度（厚生労働省）

占められている。このうち特に注目すべきは、被用者（本書の用語法でいう労働者）である。

第一章の定義づけの際に、本書で自営業者というときには、労働者向けの社会保険に加入できない労働者も念頭に置くと述べた。これらの労働者は、非正規雇用であるとか、勤務先の会社の規模が小さいなどという事情で、本来自営業者向けに作られた国保に加入している。つまり、一般の労働者が健康保険（健保）から給付される傷病手当金や出産手当金といった所得保障を、国保に加入している非正規などの労働者は受けられない。

第四章で検討したとおり、国保と健保の差異を正当化する理由の一つに、自営業者としての生産手段の有無というものがあった。その理屈で考えるのであれば、非正規の労働者は生産手

図表6-3　国民年金における就業状況の推移

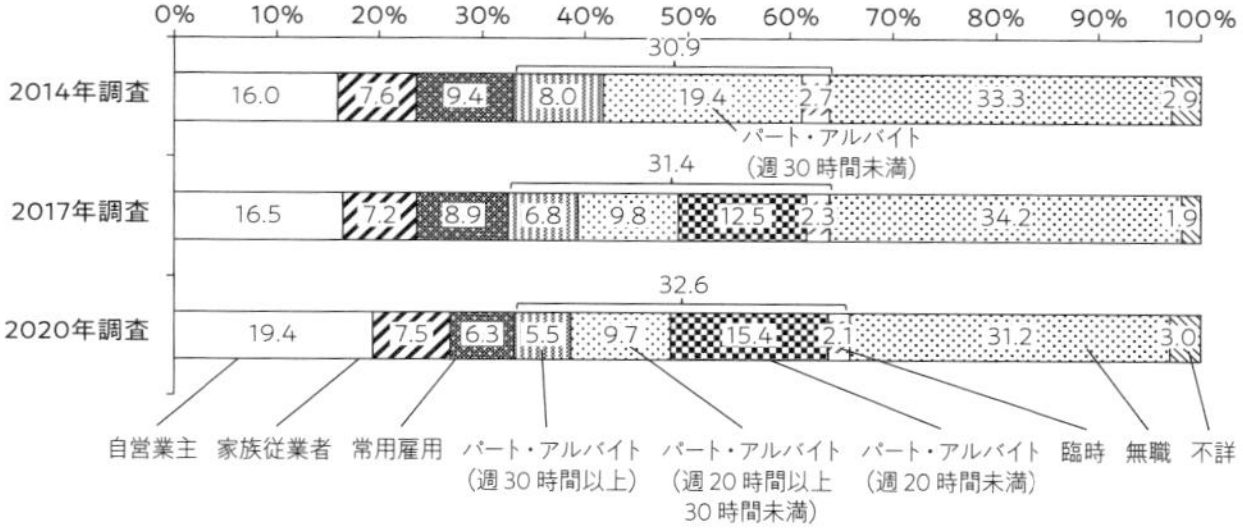

出典：令和2年国民年金被保険者実態調査 結果の概要（厚生労働省）

段をもたないのだから、傷病手当金や出産手当金の保障は必須であるはずである。非正規の労働者らは、まさに制度の谷間にあると言える。

次に、主に自営業者向けの公的年金である国民年金の被保険者について、状況をみてみたい。

一九六二年四月四日の国会衆議院社会労働委員会における厚生事務官（年金局長）小山進次郎の答弁によると、一九六一年の時点では、国民年金の被保険者のうち農業が四一・六%、非農業の自営業が二九・一%、無業者が一五・一%である。つまり、およそ七割を自営業者が占めており、労働者でありながら国民年金に加入する人は一四%に過ぎなかった。

ところが図表6-3のとおり、二〇二〇年度では国民年金加入者の四割近くが、労働者でありながら厚生年金に入れない非正規などの労働者である。

これも第四章で示したように、自営業者には定年がないという点が、国民年金と厚生年金の差異を正当化する理由の一つであった。しかし非正規などの労働者には、ほとんどの場合定年がある。そうすると公的年金においてもやはり、非正規などの労働者は制度の谷間にある。

もちろん非正規などの労働者のうちには、おもに主夫・主婦をしながらパートタイムで家計補助的に働く人々も含まれる。そのような人々にとっては、「一〇六万の壁」の問題のように、自らが健康保険や厚生年金の被保険者になってしまうと給与の手取り額が減少する場合があることから、働く時間と給与額を調整して扶養に入り続けることの方が本人にとって都合が良いと考えられている。しかしそこでは被保険者と被扶養者（国民年金では第三号被保険者）の給付内容の差異が意識されていないため、病気や出産で休業する場合、あるいは障がいを負ったときなどに、生活に大きな影響が生じるおそれがある。

このように、労働者でありながら自営業者向けの社会保険に加入することとされている人々がおり、それらの人々は制度の谷間に陥っている。つまり働き方と社会保障の関係を問う意味は、決して労働者に無関係ではない。これが本書の問題意識の第一の理由である。

†変化する自営業者の就業実態

次に、自営業者と呼ばれる働き方の中身も、一九五〇〜七〇年代の社会保障制度が形成

図表 6-4　働き方の実態の推移

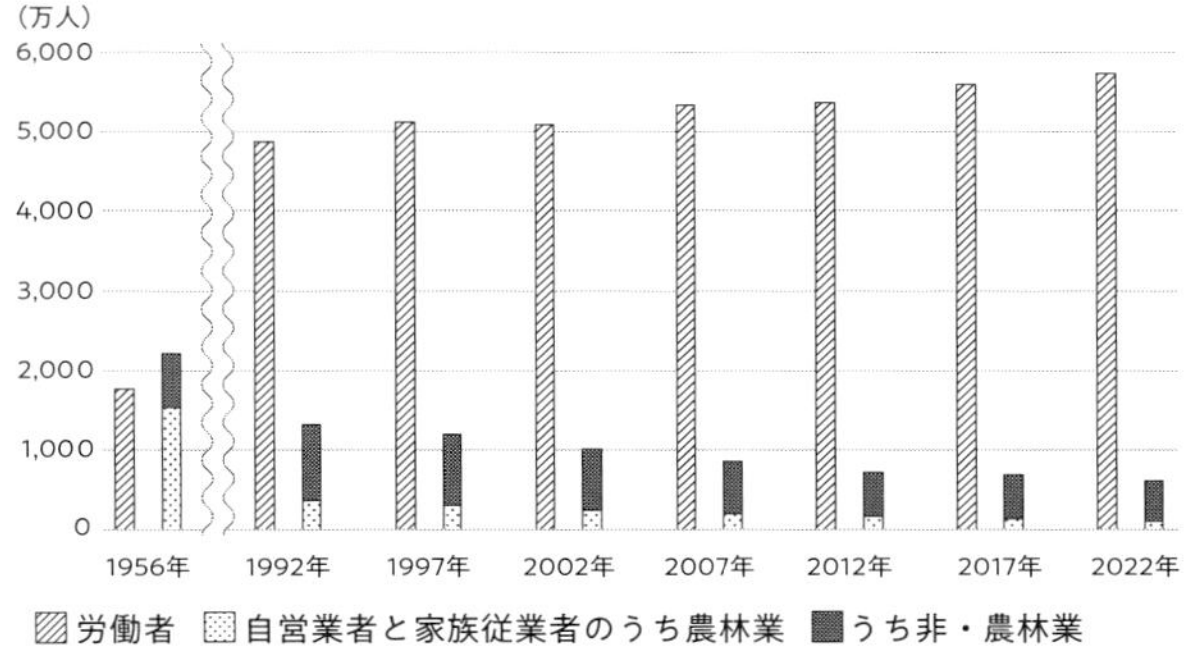

出典：就業構造基本調査「男女、従業上の地位、雇用形態、産業別有業者数（昭和 31 年～令和 4 年）」（2023 年 7 月更新）をもとに筆者作成。

された時期と現在とでは大きく異なっている。

第二章では、社会保障制度の形成期における自営業の中心は家族で営む農林業であり、それが自営業者と家族従業者の合計数のうちの約七割を占めていた。ところが図表6－4のとおり、二〇二二年には、農林業の割合は二割にも満たない。

それでは、現代における自営業という働き方の実態はどのようなものなのか。同じく二〇二三年度の就業構造基本調査によると、二〇二二年時点での自営業者の内訳は、「雇人がいる業主」が一〇三・七万人（自営業者のうち二〇・三％）、「雇人がいない業主」が三九七・七万人（自営業者のうち七七・九％）、「内職者」が九・五万人（自営業者のうち一・九％）である。つまり八割近くは、人を雇わず自分一人で仕事をする自営業者ということになる。

さらに同じ調査では、「実店舗がなく、雇人もいない自営業主又は一人社長であって、その仕事で収入を得る者」を「フリーランス」と定義し、初めて調査対象としている。調査の結果、二〇二二年におけるフリーランスは二五七・四万人で、そのうちフリーランスを本業とする者が二〇九・四万人である。先に見た「雇人がいない業主」のうち五割以上が、本業フリーランスということになる。

このように現代においては、自営業者のうち大多数が、人を雇わず自分一人で仕事をしており、そのうちのかなりの割合が、実店舗を持たないフリーランスであることになる。情報技術の発展によって増大した、いわゆるギグワーカー、クラウドワーカーなどがここに含まれる。これらの働き方では、病気や出産などで本人が休業する場合に、誰かが代わりに仕事をしてくれることもなく、生産手段と呼べるものもない場合が多い。

つまり、家族で営む農林業がメインであった社会保障の形成期と現代とでは、自営業者の就業実態が大きく異なっている。これが、本章の問題意識を支える第二の理由である。

†労働者という働き方の変容

さらに現在、労働者という働き方自体が大きな変革に直面している。この変革は二つの方向性から生じている。

一つ目の方向性は、本書の各章で触れてきたように、情報技術の発展によって労働という働き方が他の何かに代替される事態である。

すでに、ChatGPT のような生成ＡＩをさまざまな業務に活用している会社も見られる。また、レントゲンやＭＲＩなどの画像に基づく医師の診断を、医療ＡＩが支援しているという状況もある。ＡＩの活用により業務が効率化すると、最終的には業務に必要な労働者の人員数が減る。これは、情報技術が労働を奪うというパターンである。

さらに、情報技術によって自営業者（あるいは一般人）と労働者の間における職の奪い合いのような事態が起きることもある。一般の人が自家用車で客を運ぶ「ライドシェア」の解禁論に対して、タクシー・ハイヤー産業の労働組合が「タクシー・ハイヤー運転手の生活を破壊する」と反発した例がある。これは、情報技術を介して、自営業者（あるいは一般人）が労働者の職を奪うというパターンである。

このように、労働者の職が情報技術によって他のものに置き換えられる方向性は、今後も技術の革新に伴って進んでいく可能性がある。

二つ目の方向性は、労働者という働き方の仕組みそのものに対する変革である。

二〇二一年一〇月、「成長と分配の好循環」と「コロナ後の新しい社会の開拓」というコンセプトのもと、内閣総理大臣を本部長とする「新しい資本主義実現本部」が内閣に設置された。同本部が二〇二三年六月に発表した「新しい資本主義のグランドデザイン及び実行計画2023改訂版」では、「三位一体の労働市場改革の指針の基本的考え方」が示されており、その冒頭に以下のような記述がある。

働き方は大きく変化している。「キャリアは会社から与えられるもの」から「一人ひとりが自らのキャリアを選択する」時代となってきた。職務ごとに要求されるスキルを明らかにすることで、労働者が自分の意思でリ・スキリングを行え、職務を選択できる制度に移行していくことが重要である。そうすることにより、内部労働市場と外部労働市場をシームレスにつなげ、社外からの経験者採用にも門戸を開き、労働者が自らの選択によって、社内・社外共に労働移動できるようにしていくことが、日本企業と日本経済の更なる成長のためにも急務である。

同資料はこの文脈の中で、職務給（ジョブ型人事）の導入を提唱している。これは、定義された特定の職務（ジョブ）を遂行できる人を採用し、その職務に対して賃金を支払う方法である。もしこれを多くの企業が採用すれば、これまで日本で支配的だった新卒一括採用、年功序列型人事のような雇用慣行は失われていくかもしれない。

以上のような二つの方向性は、それぞれ単独でも、これまでの「労働者」という働き方を激変させる可能性を持っている。さらに、もしこれら二つの方向性が組み合わさったらどうなるか。

二つ目の方向性で示した職務給の議論は、大きな変容ではあるが、それはあくまで「労働者」の枠内での変容に止まる。しかし、もし定義された職務（ジョブ）の遂行が仕事内容だとすれば、それを担うのが特定の会社に雇用される労働者である必然性が乏しくなる。ここに一つ目の方向性の情報技術が組み合わさった場合、図式的に言えば、ウーバーイーツのようにアプリに登録しておき、ある職務（あるいは職務の集合体としてのプロジェクト）が存在する間のみ特定の会社（それも一社とは限らない）のその職務を遂行し、終了すればまた別の会社の職務がアプリから通知される、という時代が来ることもありうる。

このように、現在のクラウドワークやギグワークが、食品配達代行や運送のような単発で一回きりの（「ギグ」的な）仕事だけでなく、中長期的なプロジェクトのような仕事、ひいては労働者が現在担っているあらゆる仕事に広がる可能性がないとは断言できない。

そうすると何が起きるか。企業にとって正規雇用（正社員）で労働者を雇う理由が失われ、先に挙げた第一の理由のように非正規労働者が増大するかもしれない。あるいは第二の理由のように、生産手段を持たない自営業者が増大するかもしれない。さらには、自営業者と労働者の境目もなくなるかもしれないし、「アプリからの仕事の通知待ち」という状況が失業と就業の境目すら曖昧にさせるかもしれない。

ここで読者各位は、現時点でもすでに労働力不足が指摘されており、いっそうの少子化・高齢化によってそれが深刻化すると考えれば、人々の働き口がなくなるなど杞憂だと思われるかもしれない。確かにそれは正しい指摘である。しかし本書がここで問題としているのは、そのような働き口が「労働者」としてのものであるか否かである。もしそのような働き口が非正規労働であったり、あるいはギグワーク、フリーランスのようなものであったとすれば、現状の労働者中心の社会保障では保護されない働き手が増えるということになる。

このように「労働者」という働き方の変容はすでにその兆しを見せており、将来はいっそう革新的に進む可能性がある。この点が、本書の問題意識の第三の理由である。

以上の第一から第三の理由から、本書は働き方と社会保障の関係を問いなおす必要があると考えている。ただ、社会保障が形成された一九五〇年代から現在までの七〇年以上の間、いつの時代にも「働き方」は多かれ少なかれ変化してきたはずである。その間、働き方と社会保障の関係はどのように議論されてきたのか。また、現時点においてはどのように議論されているのか。

2 社会保障をめぐる論争史

†公的年金——民主党の年金一元化案

二〇〇〇年代後半から一〇年代前半にかけて、民主党政権前後の時期に、働き方によって分立している国民年金と厚生年金を統合しようという議論が生じた。この公的年金一元化論は、民主党の政権公約(マニフェスト)にも掲げられたが、民主党が政権を獲得した後も結局実現することはなかった。

自民党から民主党への政権交代が起きる前、二〇〇五年四月の第一六二回国会において、「年金制度をはじめとする社会保障制度改革に関する両院合同会議」が設置された。公的年金の完全な一元化を主張する民主党と、それに反対する自民党などが対立する構図である。以下、公的年金の完全一元化への反対理由をピックアップする。

第一が、労働者と自営業者の所得の把握における違いである。労働者が雇用主から受け取る給与はいわゆるガラス張り状態で明確であるのに対し、自営業者は所得の把握が難しい。それに関連して、労働者の場合は保険料が給与から天引き（源泉徴収）されるため取りはぐれがないが、自営業者の場合には自ら手続きをして納める必要があるため保険料の徴収率が低くなる。

第二が、労働者と自営業者の、税制上の違いである。もし第一の所得の捕捉という問題がクリアできたとしても、労働者とは異なり自営業者には必要経費の計上が認められている。この必要経費の線引きは、例えば自営業者X氏にとっての自動車が、業務のためのものなのか私生活のためのものかといった問題のように、解釈の余地が大きい。X氏が恣意的な申告をすれば、X氏の所得の額が本来よりも低く表れることになる。このように労働者と自営業者の所得の考え方に差があるため、労働者と自営業者について、共通かつ公正な形で所得に比例した保険料を設定することができない。

第三が、自営業者と労働者に関する、事業主による保険料負担の違いである。厚生年金では、労働者と会社が半額ずつ保険料を納付するが、自営業者の場合には雇い主がいないため、もし厚生年金のような仕組みに自営業者も統合すれば、自営業者の保険料負担が重くなりすぎる。

第四が、稼ぎ方の違いである。自営業者の場合には定年がなく、老後の生活基盤があるため、健康であれば高齢であっても働いて稼ぎ続けることができる。これに対して労働者にはほとんどの場合定年があり、定年退職後は高齢期の生計を維持する手段を失う。つまり、高齢期の所得を保障する必要性の程度が違う。

†医療保険――コロナ禍による部分的な実現

労働者の加入する健康保険（健保）とは異なり、おもに自営業者の加入する国民健康保険（国保）には傷病手当金・出産手当金がないという問題が大きく取り上げられたのは、二〇二〇年以降のコロナ禍の時期であった。この前後の時期の議論を見ることで、自営業者と傷病手当金・出産手当金の問題が、現代ではどのように捉えられているかを探ってみたい。

コロナ禍の五年前の二〇一五年、当時の安倍政権でクローズアップされていた女性の活躍推進の文脈で、国保における傷病手当金や出産手当金の問題が議論された。厚生労働大臣であった塩崎恭久《しおざきやすひさ》は、国保でそれらの給付を実現する上での課題として、財源の確保、多様な就業形態にある被保険者間の公平性、被保険者の就業状況や収入の把握の困難性を挙げていた。その際、国保における被保険者間の差異（純粋な自営業か、労働者でありながら国保に加入させられている人か）については特に言及されていなかった。

そして二〇二〇年からのコロナ禍において、傷病手当金に関しては大きな状況の変化があった。具体的には、国が財源を全額負担したうえで、勤務先から給与を受けている国保の被保険者が新型コロナウイルス感染によって休業をする場合に傷病手当金を支給する仕組みである。

この全国規模の仕組みの対象者は、国保の被保険者すべてではなく、「勤務先から給与を受けている」被保険者に限られていた点が重要である。つまり、労働者でありながら健保に加入できない非正規雇用の労働者が対象であり、自営業者は対象ではなかった。

ところが、いくつかの市町村国保では、自営業者に対しても傷病手当金を給付しないと不公平ではないかとの声が上がり、実際に岩手県陸前高田市、宮城県松島町、愛知県東海市、岐阜県飛騨《ひだ》市、鳥取県岩美町などの国保が自営業者にも傷病手当金を支給した。これは歴史上画期的な試みであった。

他方で、コロナ禍の間の国会（二〇二一年五月の参議院内閣委員会）で、議員から出産手当金についても傷病手当金と同様の措置が必要ではないかという質問があった。厚生労働省の大臣官房審議官である榎本健太郎は、国保の加入者の就業形態が多様でありそれに伴う収入減少状況もさまざまであること、妥当な支給額の算出の困難さ、財源問題などを根拠に、「慎重な検討が必要」と回答するにとどめ、コロナ禍においても結局、国保での出産手当金給付は実現しなかった。別のいくつかの答弁をみても、厚生労働省は、国保におけるる傷病手当金や出産手当金の問題は、あくまで国保の被保険者のうち非正規雇用であるなどの事情で健康保険に入れていない労働者だけに関わる、と認識しているようである。

さらに傷病手当金についても、二〇二三年五月に新型コロナが感染症法上の区分で五類に移行したことをもって、国から市町村国保への財政措置が終了し、各市町村国保からの傷病手当金の支給も終了した。それに先立つ二〇二三年三月の国会（衆議院本会議）では、国保の傷病手当金を恒久化すべきではないかという趣旨の質問があった。これに対して岸田文雄首相は、国保の被保険者における就業形態の多様性、被保険者間の公平性、財源確保などを挙げ、恒久化には「課題が多い」と答弁している。この内容は、コロナ以前の政府の立場と変わりがない。

†雇用保険とその周辺をめぐる動向

第二章で検討したとおり、失業保険・雇用保険はそもそも労働者のみを念頭に形成された制度であることから、その被保険者の範囲については、労働者以外の人を含めるべきだという議論は歴史的にほぼ見られなかった。ただ、雇用保険の対象外になる人に対して生活費保障を実施する必要がないのかという問題が、社会経済情勢から大きく問われた出来事がある。二〇〇八年のリーマンショックに起因する大不況と、それに伴う大量の解雇や雇止め（有期労働契約の不更新）の発生である。

このとき解雇や雇止めに遭った非正規労働者の中には、雇用保険の被保険者でなかった人が多く存在し、彼らにとって雇用保険はセーフティネットとして機能しなかった。そのため、政府が失業者の生活安定のための緊急対策をいくつか実施した。そのなかで制度が恒久化され現在でも利用されているのが、第一章で触れた求職者支援制度である。

とはいえ、財源に労働者と会社の拠出が含まれるなどの事情もあり、この求職者支援制度はあくまで雇用保険の受給期間の切れた労働者や、雇用保険の加入対象外となる非正規労働者の保護が主に念頭に置かれている。つまり、自営業者も利用できるものではあるが、自営業者の保護を主眼として設けられた仕組みではない。

さらにコロナ禍を経験したことで、雇用保険の本体に関しても、被保険者を従前どおり労働者に限っておいてよいのか、という議論が現れている。海外に目を向ければ、任意加入にするか強制加入にするかなどの違いはあるが、欧州各国の少なくない国で、さらにはお隣の韓国でも、自営業者を失業保険の対象に含める仕組みが作られている。

海外の多くの国でも、もともと失業保険は日本と同じく労働者を念頭に置いて形成され発展してきた。その点では前提条件は同じはずであるのに、とくに日本では、自営業者を雇用保険の被保険者にすることについて本格的な検討は行われていない。雇用保険の被保険者に自営業者を加えることが困難な理由として研究者らが示す見解としては、次のようなものがある。

第一に、失業（廃業）時の生活費保障については、自営業者については休業と失業を明確に区別しがたいため困難である。

第二に、雇用保険の重要な役割として、失業時だけでなく育児・介護休業時の生活費保障があるが、自営業者は実際に就労しているか休業しているかの判断が困難であり、また実際に休業しているとしても、育児・介護の理由から仕事を休んでいるのか、単に経営がうまくいっておらず仕事がないだけかの判断も難しい。

第三に、自営業者の働き方に関して、育児、介護などといった仕事の継続を困難にさせる事情についても、自営業者であれば自分自身で就労と休業を調整し、私生活と仕事のバランスをコントロールすることができる。

†労災保険における特別加入

第二章で紹介したように、労働者ではない人でも、一定の条件を満たせば労災保険に特別加入できる。特別加入の対象者は、従来は一定の職種に就く人に限定されていたが、二〇二四年の制度改正により「業務委託契約」を締結して働く人一般にまで対象が拡大された。これにより、自営業者のうち多くのフリーランスが特別加入の対象者となった。

とはいえ特別加入が認められたとしても、労働者とは異なり保険料が全額自己負担である点（労働者の場合には会社のみが保険料を負担する）、そして任意加入である点で、やはり労働者との差が大きい。そのうえ現実には、特別加入の仕組みがあまり周知されておらず、対象者であっても実際に加入する人は少ない。さらに、業務委託契約を締結しないで働く自営業者、例えば個人経営の店主などは、特別加入すらできない。

第二章で示したように、制度導入時には、特別加入はごく例外的なものであり制限的に運用すべきと考えられていた。現在でも、特別加入の対象拡大には慎重な見解が多く見られる（その意味では、二〇二四年改正による特別加入の範囲拡大は画期的であった）。

特別加入についてすらこのような状況なのであるから、通常の加入者（一般加入）の範囲を労働者以外の働き方にまで広げることに対しては、理論面を根拠にして非常に強い抵抗感が示される。この点は、雇用保険と共通する部分がある。

また実際上の観点から、労災保険に自営業者を加えることに反対する見解もある。

第一が、自営業者は働く時間・場所・状況を自分でコントロールできるから、ケガや病気のリスクも自分で避けることができる、という指摘である。

第二が、自営業者には働いている状態をチェックする雇い主がいないのであるから、ケガや病気が仕事中のものであるかどうかを確認する手立てがない、という批判である。

3 働くことと社会保障を切り離す

†依然として残る労働者中心主義

社会保障の制度形成から七〇年ほどを経て、人々の働き方は激変した。もともとは自営業者向けに構築された国保や国民年金では、むしろ非正規などの労働者がかなりの割合を占めている。また、かつて典型的な自営業として想定されていた家族経営の農林業は、現在では激減し、むしろ自営業者の中心は、生産手段を持たず個人で経営するフリーランスに移っている。さらに現在の情報技術の発展のスピードを考えれば、これからも人々の働き方の変化はいっそう劇的に進んでいくことが予想される。

そして、社会情勢の変化に対して社会保障制度が何らかの対応をしなければならないという点では、一定の共通認識が形成されているように思われる。例えばコロナ禍における国保からの傷病手当金の給付や、雇用保険の適用外の人に向けた求職者支援制度の創設、労災保険の特別加入対象の拡大などは、そのような認識に基づくと言えるだろう。

しかしながら、歴史的な経緯が、依然として影響力を持ち続けている様子もまた確認できる。

例えば公的年金に関する議論では、自営業者は高齢時にも生産手段を用いて稼ぎ続けることができるという観念が示されている。医療保険についても、傷病手当金や出産手当金は労働者のみを対象とすることを当然視するかのような認識があり、国保の被保険者の文脈でこれらが問題になるときでも、非正規などの理由で健保に入れない労働者が念頭に置かれている。さらに雇用保険と労災保険についても、これらが元来労働者のみを前提に作られた仕組みであるという点から、制度の直接の対象を自営業者まで広げるという議論には強い抵抗感が示される。

そしてその結果、社会保障における労働者と自営業者の格差は多くの場面で維持されている。

現在の議論状況を非常に象徴的に示すのが、内閣官房において全世代型社会保障改革担当大臣のもとに開催される、全世代型社会保障構築会議である。同会議が二〇二二年一二月一六日に公表した報告書には「働き方に中立的な社会保障制度等の構築」という項目があり、取り組むべき課題として「勤労者皆保険の実現に向けた取組」が挙げられている。

ここでの「働き方に中立的」「勤労者皆保険」という表現からすると、労働者と自営業者との区別なく、働く人すべてに関する施策を議論するものにも見える。ところが、報告書の中で言及されるのはあくまで、非正規労働者や、労働者に類似する特徴を持ったフリーランスに対する、労働者向けの社会保険の適用拡大である。ここでも依然として、「勤労者」の中心に「正規雇用の労働者」を置き、その拡張を議論する方法がとられている。

そのため社会保障における「新しい働き方」への対応は、「新しい働き方」のうち労働者に類似する特徴を持つものを順次含めていくという方向性に止まり、真正面から「働き方に中立的な制度」を議論する動きは非常に乏しい。

†働き方の順位付けと法解釈問題

それでは、労働者を中心として社会保障を議論する方法のどこが問題なのか。

このような議論は結局、どこまでいっても働き方の順位付け・階層化を生じさせる。典型的な労働とは何か、それは正社員である。非正規のうちの一部は取り込むが、残りの非正規には我慢してもらう。労働者としての性格の強い自営業とは何か、それは一部のフリーランスである。労働者としての性格の弱い自営業は、自助努力で頑張ってもらうほかない……。

本来、憲法二五条の生存権に基づく社会保障は、あらゆる人が等しく享有できる権利であるはずなのに、「働き方」というフィルターが挟まることでそこに階層化と格差が生じてしまう。現在の議論現状は、労働政策と社会保障政策、歴史的経緯と理論的な問題などが整理・検証されることなく、こんがらがったまま進んでしまっているように感じられる。

もちろん、このような本書の見解に対しては、労働者と自営業者という働き方の差異に対応した社会保障を構築する方向性も許されるのではないか、という反論がありうる。

確かに、同じものを同じように、異なるものを異なるように扱うことこそ平等だ、という主張には本書も異論がない。しかし、すべての社会生活の基盤である「生きること」の確保に関わる社会保障の問題を、その基盤の上に成り立つ社会生活のうちの一要素に過ぎない「働き方」によって区別することは、議論が逆転しているように思われる。

さらにこの点を別としても、労働者と自営業者という働き方の差異に適切に対応した社会保障を実際に運用することは不可能に近い。なぜなら、それが法解釈に関わる問題だからである。

ある人が「労働者であるかどうか」を判断する議論は、法的には「労働者性」と呼ばれる問題である。労働者性は、契約書の文言などの形式面ではなく、その人の働き方の実態を見て判断される。そしてその判断基準としては、法律の条文（労働基準法九条など）があるのだが、それは現実にはほとんど役に立たないため、実際には行政や裁判所の示した解釈によって判断される。

そこで、自分自身は労働者であると考えるにもかかわらず、制度上は（会社からは）自営業者として扱われている人が、労働者としての社会保障の適用を求める場合、裁判をはじめとする法的な紛争解決の手段をとらなければならない。裁判には時間も手間も費用も掛かるうえ、自分の言い分が正しかったとしても、それを証明できるだけの証拠を集めなければならない。

労働者性の判断は非常に個別性が強いため、勝訴・敗訴の見通しも立ちにくい。そして、ある人の労働者性が認められたとしても、その判決の効果は基本的に本人だけにしか及ばず、世の中で同じような働き方をしている人たちがその判決の法的効果を享受できるわけではない。

つまり、労働者と自営業者という働き方の差異に適切に対応した社会保障の構築がもし理論的に可能であったとしても、それが法解釈を伴う問題である以上、漏れなく運用することは不可能に近い。

†「働くこと」と社会保障を切り離す

それでは、労働者という働き方と社会保障のあり方が強く結びつけられる議論の枠組みが、これほど強固に維持されているのはなぜか。この議論状況を打開する方法はどこにあるか。ここで鍵となるのが、憲法上の「勤労の義務」の解釈である。

これまで本書が示してきたように、勤労の義務規定は、日本の社会保障のあり様に有形無形の影響を及ぼしてきた。その背景には、勤労の義務に法的意義を認め、その義務を果たすことが社会保障の権利を享受するための前提であるという通説的な見解が存在していた。

このようにして、勤労の義務規定の存在により、さらにそこに「働かざる者食うべからず」という倫理観までもが重なり合って作用することにより、社会保障と「働くこと」が密接不可分の形で結びつけられてきた。

そして、制度形成期における社会保障が主に念頭に置いていたのは「労働者」という働き方であった。この労働者という働き方は、年功賃金と終身雇用を中核とする日本型雇用慣行の確立も相まって、質的にも量的にも日本における「働き方」の中心であり続けてきた。

つまり、勤労の義務によって社会保障と「働くこと」が結びつけられるという構造のもとでは、日本社会のあり様を念頭に置いた場合、「労働者か否か」という「働き方」の問題までもが社会保障と結びつけられるのは避けがたいことであった。

その結果、社会保障の対象範囲を議論する際には常に労働者を中核とし、そこから拡張するという形で議論が展開してしまう。労働者の保護の問題（労働政策）は、本来は全国民を対象とする社会保障とは別個の問題であるにもかかわらず、労働政策と社会保障政策が明確に区別されることなく、かなりの程度重なり合って議論される現象が生まれる。

この現象によって、例えば「自営業者の仕事中の事故への社会保障をどう作るか」という問いが、いつの間にか「労働者向けの労災保険に自営業者をどう含めていくか」という議論にすり替わり、論点も「その自営業者が労働者と似ているか否か（労働者性の有無）」へとズレていく。そうなれば、「労災保険は労働基準法上の労働者向けだから、自営業者に拡大することは整合性を欠く」という、それ自体は理論的に正しいが本来の問いとはかみ合っていない答が示され、議論は特別加入の拡大という、本来的に社会保障とは言えない着地点に落ち着く。

このような議論様式をとり続けていては、人々の働き方、ひいては生き方そのものが激変する時代に対処することはできない。そして、この議論様式を乗り越えるための打開策こそが、勤労の義務の法的な位置づけを変えることである。

勤労の義務を単に道徳的意義のみを有する規定と解釈すれば、勤労の義務が社会保障の権利の前提であるという関係は失われる。つまり、「働くこと」と社会保障を切り離すことができる。

そうすると、労働者か否かという「働き方」の問題は、「働くこと」の中身ではあっても、もはや社会保障とは何らかかわりのないものであり、社会保障のあり様に影響を与えることはない。労働者の保護はもちろん重要な問題であるが、労働政策によって別途対処されるべきものである。

このようにして社会保障は、労働者か否かという「働き方」の議論から解放されることになる。社会保障を、憲法二五条の生存権に関わる問題として、「働くこと」にも「働き方」にもかかわりなくすべての国民に等しく保障するための議論の前提がようやく整う。

†技術的な問題

以上のように、勤労の義務を道徳的規定だとする解釈に基づき、終章では「働くこと」とも「働き方」とも切り離された、新しい社会保障を素描したい。

ただしその際、本章で示した内容の一部に注意する必要がある。それは、「働き方」と社会保障を切り離そうとした場合に生じる技術的な問題である。その内容は大まかに言って以下の三点にまとめられる。

第一が、自営業者の所得把握における公平性の確保である。給与が「ガラス張り」の労働者と異なり、そもそも自営業者は所得の把握自体が難しい。さらに、税制上の必要経費の計上の問題により、自営業者は自らの所得（および税額）をいわば「コントロール」できる。これらの事情から、労働者のように所得に応じた社会保険を構築することが難しい。

第二が、保険料の徴収に関わる問題である。労働者のように会社経由で保険料を納めるわけではなく、自営業者本人が納めることから、徴収率を高めることが難しい。また、自営業者は労働者と違って雇い主がないため、労働者の場合の会社のように社会保険料を半分負担してくれる存在がない。もしこの状況で労働者と同じような社会保険に加入させたら、自営業者は労働者の二倍の保険料負担に苦しむことになる。

第三が、働いている状態と休業状態の判別の困難性である。自営業者の場合は、生活費の保障が必要な理由（ケガや出産・育児・介護など）による休業と、単に経済市場での需要がなく仕事がない状態の区別が困難である。さらに、労働者における会社のように、働いている状況を確認する存在がいないため、自営業者がある時点で就労しているのか休業しているのかを把握することが難しい。傷病や事故が起きた場合にも、それが仕事中のものか否かを確認する手立てもない。そして、労働者とは異なり普段から収入が上下する自営業者については、適切な生活費保障の金額の設定も困難である。

これらの問題は、一九五〇年代から言われてきたものも含む。確かに難しい問題ではあるものの、現在の情報技術を駆使し、工夫をすれば乗り越えることはできそうである。

終章となる次章では、これらの技術的な問題にも注意し、さらに「働かざる者食うべからず」のような倫理観が存在し続けても権利の行使が阻害されないような、利用しやすさに配慮した社会保障制度の構想を試みたい。

終章　新しい社会保障のために

1　現行制度とどうつなげるか

†問題点のおさらい

終章となる本章では、ここまでに検討した内容を反映して、新しい社会保障を構想することを目指す。

ただしあらかじめ断っておくと、筆者としてもこれから示す構想が唯一の正解だとは考えていない。本章の構想をたたき台として、読者各位とともに、これからの社会保障のあり方についての議論を提起することが最大の目的である。

読者各位の中には、広い意味で社会保障に関連する仕事に従事している方もあろう。それぞれの専門的な視点からの指摘は非常に貴重である。さらに、職業として社会保障に関わっていない方々の、生活上の実感に即した見解や、素朴な意見、疑問は、利用者目線に立った誰もが使いやすい社会保障を構想するための不可欠な資料である。本章の末尾に記載するQRコードから、本書への意見や反論、異なるアイデアを投稿するという形で、本書との共同作業に是非参加してほしい。

はじめに、本章で実施する構想にあたって何が必要であったかを確認しておきたい。「中間のまとめ」で示した問題意識は三点であった。それらは、①勤労の義務規定を、法的意義を持たないものと解釈することは可能か、②労働か自営業かという区別を前提としない、働き方を問わずに適用可能な社会保障を構想することはできるか、③制度の複雑性や「働かざる者食うべからず」といった倫理観があってもなお、それらを乗り越え、誰もが漏れなく利用できるような制度を構築できるか、である。

①については、第五章で検討したとおり、憲法上の勤労の義務規定を法的意義を持たない、単なる道徳的規定と解することも可能であった。その解釈に立てば、働くことを前提としない社会保障を構想することも許される。②については、第六章で観察したように、各所で働き方に中立的な社会保障制度が議論されているものの、歴史的経緯や①の勤労の義務規定の影響から、議論はあくまで労働という働き方を中核に置くものにとどまってい

る。

この結果、②を達成するには、①との関係にも十分配慮をしなければならないということになる。そのうえで、社会保障が利用者からの申請を前提とする仕組みでよいのかという問題も視野に入れつつ、③を併せて達成しなければならない。

さらに、具体的な制度設計にあたっては、第六章の末尾で示した技術的な問題点も解決しなければならない。具体的には、(i)税制上の必要経費の問題も含む、自営業者の所得把握における公平性の確保、(ii)自営業者の保険料の徴収率向上および保険料の負担関係、(iii)自営業者における働いている状態と休業状態の適切な判別、の三点である。

それでは、これらを前提にした場合、いかなる構想が可能か。

ここでそもそも、構想の方向性として、どの程度現行制度を下敷きにするかという問題がある。そこで以下では、現行制度からの移行のしやすさを重視したパターンと、現行制度をいったん視野の外に置いたパターンの二つの構想を試みたい。まず前者を取り上げる。

†現行制度をベースとした年金と医療の構想

現在の社会保障の仕組みの中で、働き方によって適用関係が異なるのは、公的年金、医療保険、雇用保険、労災保険という四つの社会保険である。

公的年金において、老齢・障がい・遺族に対して保障をするという給付対象自体には、働き方による違いがない。ここでの労働者と自営業者の差異は、それぞれの年金の給付額の違いであり、それは納付する年金保険料の計算方式の違いに起因している。具体的に言えば、国民年金は定額一律の保険料であるのに対して、厚生年金は所得に比例する保険料であった。そして、定額一律の保険料では、給付額が低く抑えられることになる。

そうであれば、単純に考えると、国民年金にも所得に比例する保険料（および給付）を導入することで、働き方による差異がなくなるようにも見える。実際に、第二章で見たとおり、国民年金創設当初の国会の議論からは、そのような構想も垣間見えた。

ただし、当時は国民年金と厚生年金が完全に分離していたのに対して、現在（一九八五年以降）は、国民年金が全国民共通部分と位置づけられたうえで、労働者のみが追加的に厚生年金にも加入する仕組みになっている。つまり、国民年金に所得比例方式を導入するだけでは、厚生年金部分の差異が残ることになり、働き方による差異は解決しない。

そうすると結局、所得に比例する、単一かつ一層型の公的年金制度を作り、そこに全国民が加入するという仕組みが、働き方による差異を最も生じさせない仕組みとなる。そのうえで、公的年金の上乗せ部分としての、任意加入の企業年金や個人年金などについては、各企業や個人が自由に加入することになる。

次に医療保険においては、働き方による差異は、診察・治療の内容やそれに対する自己負担額ではなく、金銭の給付内容であった。具体的には、労働者であれば病気休業時に傷病手当金が、産前産後休業時に出産手当金が、いずれも給料の三分の二の額で給付される。

そうすると、働き方による違いをなくすためには、自営業者に対しても傷病手当金と出産手当金を給付すべきことになる。実際に、第六章で確認したようにコロナ禍のもとでは国民健康保険（国保）から主に非正規労働者に対する傷病手当金が実施されたし、いくつかの市町村の国保では独自に自営業者をも対象にしていた。さらに、自営業者らが作る国保組合では、コロナ禍以前から傷病手当金や出産手当金を実施している例もある。

これらの経験をもとに、両給付を国保（自営業者）についても恒久化・義務化し、計算方式を労働者（健康保険）の給付と揃えることで、働き方による差異をなくすことができる。

なお、先述の公的年金では、国民年金と厚生年金が一つずつ、いずれも政府（国）を保険者（制度の管理運営者）として存在していたため、単一の制度を構想することが比較的容易だった。しかし医療保険では、国保については市町村が都道府県とともに保険者を務めるため全国に約一七〇〇個、健康保険についても企業などが作る組合健保が約一八〇〇個ある。そのため制度を統合して単一化することは困難が予想される。また、傷病手当金と出産手当金さえ共通して設ければ目的は達成されるため、医療保険の全国レベルでの統合・単一化は必須ではない。

このようにして、働き方による差異のない公的年金と医療保険を形作ることは可能である。

†現行制度をベースとした雇用保険の構想

社会保険の中でも特に労働保険と呼ばれる雇用保険、労災保険に関しては、制度形成時点からそもそも労働者のみを念頭に置いており、自営業者を対象にするという発想がない。そのため、もし既存の雇用保険と労災保険に自営業者も加入させるという方針をとるのであれば、それぞれの制度の根底にあるコンセプト自体を大きく変更する必要がある。

雇用保険については、もともとは労働者を対象として想定された制度の対象者として、労働者との類似性の高いフリーランスだけでなく純然たる自営業者までも含めることは、大きな転換となる。そのためには、労働者のみを念頭に置いた「失業」という概念を、自営業者における「廃業」も含むものとして再構成しなければならない。

その場合、いかに社会経済的に強いられたとしても、廃業の最終的な決断は常に自主的なものとも言えるのであり、ひいては勤労の義務を放棄しているとも言える。つまり、自営業者の廃業を給付対象とするには、現在の雇用保険で前提とされている、勤労の義務を果たす者にのみ保障するという構成は放棄する必要があり、その前提として、勤労の義務規定は道徳的意味に過ぎないとする解釈をとる必要がある。

この解釈をとることは、労働者の失業の捉え方に関しても、現行制度の改定を迫る。現在の雇用保険では、正当な理由のない自己都合退職に対しては、退職後の最初の一〜三ヵ月は生活費保障のための給付をしないとの法規定がある（雇用保険法三三条一項）。この規定は、失業を自ら引き起こした労働者への制裁などと説明されることがあるが、その背後にはやはり勤労の義務規定の影響がある。勤労の義務を道徳的意味に過ぎないと考えれば、自己都合による退職に「制裁」を加える法的根拠も失われる。

雇用保険がすべての自営業者を対象に加え、さらに自己都合での退職にも制裁なく給付を実施するというこの方向性は、以下のとおり、現在の日本政府が志向する方向性の延長線上に位置づけられるものと思われる。

第六章で紹介した「新しい資本主義のグランドデザイン及び実行計画 2023改訂版」では、「内部労働市場と外部労働市場をシームレスにつなげ、社外からの経験者採用にも門戸を開き、労働者が自らの選択によって、社内・社外共に労働移動できるようにしていくことが、日本企業と日本経済の更なる成長のためにも急務である」と述べられていた。

その目的を達成しようとするなら、労働者として蓄えたノウハウを生かすべく自営業者として多くの会社と取引をし、さらにそこで得られた経験を生かすために労働者の立場に戻って一つの会社に貢献するといった、自営業者と労働者とのシームレスな行き来も保障される必要があるだろう。さらに、給付への制裁を受けることなく自らの判断（自己都合）で職を辞めて転職することも可能とするような仕組みが求められるはずである。

†現行制度をベースとした労災保険の構想

そして労災保険に関しては、もともと労働基準法との強い結びつきがあった点をどう考えるかという問題がある。第二章で示したように、労働基準法における災害補償規定の実効性を確保するために労災保険が作られた。その経緯からすると、労災保険の対象者は労働基準法における労働者と一致するのであり、現にそもそも労災保険法では労働者の定義規定すら置かれていない。

とはいえ、労災保険は制度創設時点で、多くの議論を経て、労働者を雇用する会社ではなく、労働者本人に対して直接給付を実施するという制度設計を選択している。つまり、災害補償の法的責任を負う会社のための責任保険という立場をあえてとらなかった。

学説や行政の解説によると、この選択により、労働基準法と密接に関連しつつも制度としては独立したものとなったため、労災保険が労働基準法の災害補償を超えて独自に発展していく方向性が予定された、と説明されている。そして現在では、実際に労災保険は通勤災害に対する保障をしたり、給付内容を年金化したりと、労働基準法の災害補償を超える給付を実施している。「労災保険の一人歩き」とか、「労災保険の社会保障化」などと言われる現象である。

つまり、労災保険の労働基準法からの独立性や社会保障としての特性を強調することによって、その対象を労働者だけに限定せず、適用範囲を拡大していくことはありうる。

さらにより根本的に、なぜ労働基準法上、雇い主である会社に災害補償の責任が負わされているかを考えてみたい。学説はその理論的な根拠を二つのパターンで説明している。一つが、労働災害は企業の営利活動に伴って生じるものであるから、労働者を使用して利益を得ている企業が労働災害による損害を補償すべきである、という考えである(本書では営利性の根拠と呼ぶ)。いま一つが、労働者は会社の指揮命令に従って働く義務を負う点で、会社に従属しその支配下にあるのだから、労働災害については会社が損害を保障すべきである、という考えである(本書では従属性の根拠と呼ぶ)。

これらのうち後者の従属性の根拠を強調する場合、自営業者の中でも、依頼主である会社に従属しその支配下にある一部のフリーランスを、災害補償の対象から除外するのはおかしいという議論になりうる。ただしその場合、依頼主（「従属」先）をそもそも想定できない純然たる自営業者・個人事業主を視野に入れる議論は難しいかもしれない。

これに対して、前者の営利性の根拠を強調し、その営利性をより抽象的に捉えた場合、純然たる自営業者を含む自営業者全体を視野に入れた議論ができる。

企業が生産したものを純然たる自営業者（小売店の店主など）が仕入れて販売するとする。その場合、企業の利益は自営業者の仕入れ・販売という行動を経ることで現実化する。さらに、労働か自営業かを問わず、働くことは最終的には国家の経済力や税収につながる（誰も働かなければ経済は回らないし、その分の税収も失われる）。その点では、国家は自営業者・労働者問わず働く人から利益を得ているのであり、その過程である仕事中の事故は、私生活上の事故とは性格が異なるのであるから、自営業者・労働者問わず保障すべきである。

このように考えれば、企業と国家とが、労働者・自営業者問わず、働く人の働きによって利益を上げているとも見ることができ、企業や国家が働く人全体の仕事上の事故に対して損害を保障すべきであるとの見方もできる（後ほど紹介するドイツの「市場に出す者」という考え方も、この点の参考になる）。この見方によれば、純然たる自営業者をも含めて労災保険を再構成する根拠が見いだせるのではないか。

†技術的な問題をどう乗り越えるか

ここまで、四つの社会保険において、働き方による違いのない仕組みを構想した。ここで、生活保護など他の仕組みを検討する前に、第六章や本章の冒頭で掲げた技術的な問題点の克服方法について考えてみたい。その際、現時点で可能かどうかについてはいったん視野から外す部分もある。

まず、自営業者の所得の捕捉に関しては、マイナンバー制度を活用し、口座情報の紐づけや世帯の生活状況の照会を可能にすることで、労力をかけることなくかなりの精度での捕捉が可能になるだろう。また自営業者からの保険料徴収についても、同じくマイナンバー制度を活用し、例えば登録口座からの自動引落しなどの方法によって、労働者の源泉徴収と同程度の徴収率を達成できる。

他方で、自営業者による税制上の必要経費の計上の問題は、何が経費かという判断と法解釈にかかわる問題であるため、所得の捕捉の問題とは異なり技術のみで解決できるものではない。考えられる方法としては、①必要経費計上の透明性を向上させる方法と、②必要経費の過剰な計上を避ける誘因を与える方法を組み合わせることにより、公正かつ適切な必要経費の計上を自営業者本人に促すという方向性がありうる。

具体的には、①について、自営業者の必要経費支出のための口座をマイナンバー制度と連携させ、あるいはブロックチェーンの技術を活用して、すべての必要経費に関する取引履歴が残るようにする。この透明化された必要経費は、税務当局がいつでも閲覧可能となり、同業者との比較で必要経費該当性の疑わしさをＡＩによって自動チェックするなども考えられる。この透明性を知っている自営業者は、透明化されていても妥当性の説明が可能な必要経費を適切に計上する行動をとるだろう。

②については、税務上の所得情報が社会保障給付と連動・比例することの意義（所得の高い人は保険料も多く取られるものの、給付も多く受けられる）が、必要経費の過剰な計上を避ける誘因になりうる。

というのもこの構想では、自営業者に対しても、老齢・障がい・遺族への保障としての公的年金や、休業時の傷病手当金・出産手当金、さらに失業（廃業）時の生活費保障、仕事中の事故に対する災害補償など、すべてが所得に比例して計算される。そうすると自営業者にとっても、必要経費を過剰に計上して所得を抑えることが社会保障給付との関係では本人の不利益につながるため、そのような行動を避ける誘因になるのではないか。

また、保険料の負担関係について、労働者は雇い主の会社が社会保険料を半額（労災に関しては全額）負担するが、自営業者の場合負担をどうするかという問題があった。ここでは、労災保険に関する箇所で述べた内容が関係する。企業と国家とが、労働者・自営業者問わず、働く人の働きによって利益・税収を上げていると考えれば、働く人・企業・国家の三者（労災保険に関しては二者）がそれぞれ保険料を拠出するという方向性はありうる。

参考となりそうな海外の実例として、ドイツの芸術家に関する社会保険制度がある。政治学者の秋野有紀の紹介によると、ドイツでは医療・介護・年金保険について、国と「芸術家の生産物を利用する業界」が、自営業の芸術家の保険料のうち半分を負担している。自営業者に対して「業界」が保険料負担を負うのは、彼らが自営の芸術家の活動やサービスを市場に紹介し、そこから収入を得る（「市場に出す者」である）からである。

最後に、傷病手当金や出産手当金、育児休業・介護休業に対する生活費保障に関して、自営業者における実際の休業の有無がわからないという点については、マイナンバー制度による所得の把握がうまくいけばクリアできる。休業の有無というより所得の減少に着目し、減少分とそれ以前の平均的所得との差額を給付するなどの方法によれば、実質的に休業への保障と同じ効果になる。また、労災保険との関係では、自営業者では仕事に関する傷病か否かを判別するのが困難であるという点についても、例えばリモートワークで働いている労働者の傷病の判断の困難性と事実上大きく変わらないのではないか。

†複雑であっても利用しやすい社会保障

以上のような内容で構成された社会保障制度は、その複雑さや「働かざる者食うべからず」といった倫理観によって利用が阻害されないような、誰もが使いやすい仕組みでなければならない。その方法を考えるにあたっては、技術的な問題点の解決策に位置づけたマイナンバー制度をここでも活用できる。

具体的には、本人が何らかの形で行政に申告した収入情報、課税情報などのうちの一つをきっかけとして、マイナンバーによる紐づけを行い、本人の利用可能な社会保障給付をプッシュ的に通知する、あるいはさらに進んで自動的に給付するような形である。

例として、本書の「はじめに」で筆者自身の体験として紹介した、介護保険施設の食費・居住費の収入状況による減額（負担限度額認定）を考えてみたい。本人や世帯の収入・課税状況は、労働者であれば源泉徴収で、自営業者であれば確定申告で行政に申告されている。その情報が、マイナンバーによって世帯の情報、介護保険の利用情報と突き合わされ、もし補足給付の適用が可能な状況であれば、自動的に介護保険施設の食費・居住費が減額される。そうすると、現状のように定期的に役所に出向き、負担限度額認定証などの書類を取得し、施設に提出するなどといった手間が不要になる。

同じように考えれば、出産時の分娩費用の立替えをしなくて済むための手続き（直接支払制度、受取代理制度）や、医療保険の自己負担額が月額上限を超えた場合の還付の手続き（高額療養費制度。ただしこれはすでに部分的に実現している）など、現在申請しなければ受給できない多くの社会保障の仕組みが自動化できる。

読者各位も、役所の建物の三階フロアで受け取った書類を、二階フロアの別の窓口に提出する手続きを求められるなど、ふと「私は何をやっているのだろう？」「この手続きは省略できないのか？」と疑問に思った経験があるだろう。このような経験はもちろん技術的に解決可能である。

このように、社会保障が制度として複雑化していても、マイナンバーの活用による給付の自動化によって、利用者にとっての使いやすさを確保することができる。

†生存権の実現――「働かざる者食うべからず」を問いなおす

では、「働かざる者食うべからず」といった倫理観を乗り越えて、生活保護が「最後のセーフティネット」としての役割を十分に発揮するにはどうすればよいか。

もちろん、生活保護に関する正確な知識や、人権としての生存権の重要性を伝える教育と啓蒙活動は重要である。しかし、法律学が社会科学の一領域として存在するからには、人々の意識と行動に委ねるような解決策を提示するだけでは不十分である。つまり、「働かざる者食うべからず」の倫理観が存在し続けてもなお効果を発揮する仕組み、制度を提示する必要がある。

そうであれば、生活保護に関しても思い切って給付を自動化することが考えられる。本人が何らかの形で役所に申告した所得・課税の情報をもとにして、最低限度の生活に必要な所得のラインを下回っている人に対しては、マイナンバーに登録された本人の口座に、行政が生活保護費を差引き計算したうえで自動的に給付する。本人の不動産や金融資産などのお金に関わる面（生活保護法四条一項の「資産の活用」に関わる情報）は、マイナンバーを活用すれば突き合わせることができる。生活保護と働くこととの関係（生活保護法四条一項の「能力の活用」の条件）に関しては、勤労の義務規定を道徳的規定に過ぎないと解釈すれば、生活保護の条件から削除することも可能である。

このようにすれば、「働かざる者食うべからず」の倫理観が存在し続けても、周囲の目を気にする必要はなくなり、生活保護の受給という形での生存権の保障は漏れなく達成されることになる。「無理やり給付することは本人の自由（自己決定）への侵害ではないか」という見解も想定されるが、給付された生活保護費をどうしても使いたくないというのであれば、使わないという選択をすることはもちろん可能である。

むしろ「働かざる者食うべからず」の倫理観などの阻害要因への対策をせず、受給するか否かを本人の申請に委ねた状態で「本人の自由」を論じるのであれば、それは真の「自由」と呼ぶには値しない。自由な意思を保障するためには、その前提が整えられなければならない。

もしこの方法が採用されれば、生活保護の不正受給への対策にもなる。第四章で示したように、稼働収入の無申告や過少申告が不正受給全体の約六割、各種年金等の無申告が二割弱を占めていた。これらはほぼすべて技術的にマイナンバーで捕捉可能なため、そもそも生活保護の受給者に、収入を自ら申告させる必要がなくなる。その結果、無申告や誤申告、偽りの申告による不正受給は大幅に減少させることができる。

以上のようなマイナンバーの活用（さらにはブロックチェーンのような情報技術の併用）によって、社会保障の権利の漏れのない実現が達成できるとともに、社会保障行政の業務のうちかなりの部分を人間が担う必要がなくなる。その分、行政の窓口で、対面かつ個別の支援が必要な人々に対して、集中的にきめ細かな相談援助をすることができるようになる。それによって、社会保障の権利を現実にすべての人に保障することができるだろう。

2 まったく新しい社会保障へ

†社会保険を編みなおす

以上、現在の社会保障制度を前提とした、新しい社会保障の構想を示した。

ただし、そこでは現在の社会保障の仕組みを流用するという方法をとったがゆえに、本書が前章までで示してきた「働くことと社会保障」「働き方と社会保障」の切り離しが徹底されていない部分がある。また、マイナンバー等を活用して給付の自動化を進めることで制度の利用のしやすさは達成できたとしても、制度の複雑さそのものが解消されてはいない。

本書の問題関心を徹底した姿を示すことも、本書の責任の一つだと考えられるため、以下で現行制度を前提としないアイデアを素描したい。

第一に、社会保障のうち社会保険に関して、所得の保障の仕組みとそうでないものを分ける。そして所得の保障の仕組みについても、①終身の給付を前提とするもの（年金）と、②数週間から一年前後のスパンの短期的なものとに分類・整理し、制度を再編する。

まず①について、社会保険上の終身年金には、公的年金（国民年金・厚生年金）の老齢年金、障害年金、遺族年金、および労災保険の障害補償年金（障害年金）、遺族補償年金（遺族年金）がある。つまり、年金として給付されるべき事由と想定されてきたのは、老齢、障がい、遺族の三種類である。これらを単一の年金制度にまとめる。

この単一の年金制度では、自営業者か労働者かは問わないし、障がい・遺族という事情が生じた原因が仕事に関連するか否かも問わない。つまり、「働くことと社会保障」の切り離し、「働き方と社会保障」の切り離しのいずれも徹底される。ただし給付金額は、それ以前の所得に比例する形で給付する。結果として、働いていた人には多くの金額が給付される傾向になると想定されるため、働くことは給付金額の形で報いられる。

次に②について、数週間から一年前後のスパンの短期的な給付としては、医療保険（主に健康保険）の傷病手当金と出産手当金、雇用保険の失業時の生活保障としての各種給付、同じく雇用保険の育児休業給付金・介護休業給付金、さらに労災保険の休業補償給付（休業給付）がある。これらはいずれも、短期間での所得の急変に対応する給付と見ることができるため、短期的所得保険として一つにまとめる。

その上で短期的所得保険では、所得が急変した事情は問わず、所得の急変が生じた場合には、例えば過去数カ月の平均所得の三分の二の額を給付する（所得に比例する保障を与えることによって、自営業における必要経費の過剰な算入による所得の圧縮を避けられる）。ここでも、「働くことと社会保障」の切り離し、「働き方と社会保障」の切り離しのいずれも徹底される。労働者の自主的な退職や自営業者の休業はもとより、たとえば個人で行うデイトレードや仮想通貨への投資による収入の乱高下などもすべて対象になる。給付期間には一年間のうち上限となる日数を定め、その日数を超えたら短期的所得保険の給付は終了し、次節で述べる最低生活保障の給付へと移行する。

以上のように社会保険のうち所得の保障のための仕組みをまとめた場合、残るのは医療や介護などのサービスの給付を目的とする給付である。

労災保険に残った医療部分（療養補償給付〔療養給付〕）については、医療保険と統合する。そのうえで、社会福祉分野の、障がいのある人に対する医療保障の仕組み（自立支援医療）なども医療保険に統合する。

社会保険のうち介護保険は、現行制度でも働き方による差異が生じない。ただし医療保険と同じく、社会福祉分野の、障がいのある六〇歳未満の人に対する介護保障の仕組みも、介護保険に統合する。

このように社会保険制度を年金、短期的所得保険、医療サービス、介護サービスに再編する。すべての保険料は所得比例で徴収され、働き方を問わず個人および法人が負担し、そこに国家による国庫負担も投入する。これによって制度としての複雑さを解消し、専門家ではない人にとっても直感的に理解しやすい社会保障にすることができる。

†最低生活保障を編みなおす

そしてこれらの社会保険制度を下支えするものとして、新しい最低生活保障の仕組みを設ける。社会保険における所得保障とは異なり、最低生活保障では、所得比例的な給付ではなく誰でも一律の水準を想定する。

「働くこと」と最低生活保障の切り離しという点で最もわかりやすいのはベーシックインカムである。歴史的に社会保障とは、貧困や老齢、傷病、障がいなどの何らかの欠乏状態（ニーズ）が生じた際に発動する仕組みであったのに対し、ベーシックインカムはそれらを前提としない仕組みであり、社会保障の概念そのものへの「挑戦」であるとも言われる。ただ筆者としては、最低生活の十分な保障、ひいては生存権の確保こそが目的なのであり、それが達成されるのであれば、その手段として（従前の意味における）社会保障にこだわる必要は特にないと考えている。

さらに、ベーシックインカムが唯一の方法というわけではない。社会保険給付としての利用費の減額対象者の算出や、自営業者の必要経費の問題などのように、税制と社会保障が密接に関連することからすれば、最低生活保障の方法として、負の所得税や給付付き税額控除なども考えられるだろう。つまり、課税ラインと最低生活保障ラインを一致させ、そのラインを下回る所得状況の人には最低生活保障の給付を実施するという方法である。

いずれにしても、これらの最低生活保障は、「働かざる者食うべからず」の倫理観が存在し続けても誰もが漏れなく受給できるように、申請を待つことなく本人の口座に自動的に振り込まれるような形で「自動化」されることが必要である。そしてこの最低生活保障の財源は、生存権（憲法二五条）の確保のための施策として国が負担する。

以上のような形で「働くこと」と最低生活保障を切り離す提案に対しては、すぐに想定できる反論が二点ある。

一つは財源論である。すでに現在でも膨大に膨れ上がっている社会保障の財源のどこをどう操作すれば、ベーシックインカムや負の所得税などの最低生活保障に必要な巨額の財源を生み出すことができるというのか。それに関連するもう一つが国民の怠惰化である。働かずとも最低生活が保障されるのであれば、誰も働かなくなるのではないか。

一つめの財源論はもちろん重要で、制度の実現可能性を左右する。しかし他方で、本当に必要な制度であれば、財源はどのような手段によってでも確保されなければならない。社会保障については、制度があまりに複雑すぎてどこをどのように議論すればよいかが見えにくく、結果として増税や保険料増などの負担面のみがフォーカスされがちである。本書には、社会保障の抱える問題点の見通しをよくして、それを人々が政治的に議論するための土壌を整え、議論を喚起したいという意図がある。

二つめの人々の怠惰化は、可能性として確かにありうる。ただし同時に、一層目のセーフティネットとして社会保険が整備され、さらに最後のセーフティネットとして最低生活保障が確保されているという状況下でこそ、自分の興味関心を追求し、創造的かつ挑戦的な仕事をする人が増える可能性もありうる。雇用労働と自営業、さらには積極的に「働かない」期間を設け、それらを自由に行き来するスタイルによって、想像もしないような技術革新（イノベーション）が生まれるかもしれない。

さらには、ボランティアや子育て、家族による介護など、直接の経済的な利益に換算されてこなかった行為の価値が見直されるかもしれない。それは人間としての価値観の更新につながり、新たな時代の生き方の指針となりうる。

そもそも筆者は、少なくとも日本社会に関しては、人々の怠惰化という問題は杞憂なのではないかと感じている。なぜなら日本は、憲法上に世界的に見ても稀な勤労の義務規定を掲げており、しかもそれが制定当初から、国民の意識に下支えされ、裏付けを与えられてきたからである。日本社会にこれほど強固に根付いた「働かざる者食うべからず」の意識と、それに基づく人々の「勤勉さ」は、最低生活の保障という程度で失われるものだろうか。

読者各位の見解を、是非ご教示いただきたい。

＊本書は、ＪＳＰＳ科研費20K01340（基盤研究（C）、助成題目：「働き方と社会保障の関係の再定位：基礎理論と「社会保障実践」の両面から」、代表：山下慎一）、および公益財団法人トヨタ財団二〇一九年度イニシアティブプログラム（助成題目：「プロスポーツ選手の『2つの引退』から、働き方と社会保障の関係を考える：イノベーティブな社会を支えるために」、代表：山下慎一、D19-PI-0015）の助成による研究成果の一部である。

本書との共同作業（本書への意見や感想など）はこちらへ

ブックガイド

本書の内容をより詳しく知りたい読者のために、文献案内をしたい。

†社会保障・社会保障法について

社会保障の全体像と使い方を大まかに知りたい人には、手前味噌ながら**山下慎一『社会保障のトリセツ』**（弘文堂、第二版、二〇二四年）がおすすめである。悩み別のフローチャートとイラストによる説明が特徴で、本書を持って役所の窓口に行けば説明がよくわかると思う。また、**横山北斗『15歳からの社会保障――人生のピンチに備えて知っておこう！』**（日本評論社、二〇二二年）はストーリー仕立てで生活の場面ごとに使える社会保障を紹介しており、とても参考になる。

大学などで使われる教科書としては、**椋野美智子・田中耕太郎『はじめての社会保障――福祉を学ぶ人へ』**（有斐閣、第二一版、二〇二四年）がロングセラーの定番書である。

社会保障を法的な観点から学ぶための入門書としては、**黒田有志弥ほか『社会保障法』**（有斐閣、第二版、二〇二三年）がわかりやすい。社会保障法学を体系的に学びたい人には、**菊池馨実『社会保障法』**（有斐閣、第三版、二〇二二年）、**笠木映里ほか『社会保障法』**（有斐閣、二〇一八年）がおすすめである。また、筆者の所属する社会保障法学会の最新の議論動向は、**日本社会保障法学会編『講座・現代社会保障法学の論点〔上・下巻〕』**（日本評論社、二〇二四年）に示されている。

なお、社会保障の中身をよりわかりやすく、面白く発信するために、筆者がイラストレーターのよこみねさやかさんにご協力いただき、よこみねさんのインスタグラム（@sayakayokomine）などで社会保障に関わるマンガを掲載している。随時更新予定で、将来的には書籍化をしたいと考えている。

†自営業者の社会保障について

自営業者の働き方の変容については、社会学者の**仲修平**が**『岐路に立つ自営業――専門職の拡大と行方』**（勁草書房、二〇一八年）において各種のデータを詳細に分析している。

自営業者の社会保障については、フリーランス協会（一般社団法人プロフェッショナル＆パラレルキャリア・フリーランス協会）のウェブサイトが有益な情報を提供している。また、**上**

田惣子『マンガ　自営業の老後』（文響社、二〇一七年）もイメージを持つためには有効だと思う。

本文中で紹介した、芸団協（公益社団法人日本芸能実演家団体協議会）の報告書「芸術家の社会保障に関する研究」（二〇二二年）は、芸団協のウェブサイト上で閲覧できる。このウェブサイトでは、社会保障についての役立つ情報も公開されている。

日本ではプロスポーツ選手は自営業者と位置づけられている。プロスポーツ界で、各競技の選手会が中心となって実施している、社会保障の不足への対応策について、**山下慎一「スポーツ選手の「2つの引退」と社会保障のすき間（1～3）」**（『JP総研リサーチ』第五五～五七号連載、二〇二一～二二年）が紹介している。

プロサッカー選手に焦点を当てて問題点を紹介した動画として、**小澤一郎**さんのYouTubeチャンネル（小澤一郎 Periodista）で**「元プロサッカー選手と考える「Jリーガー」という職業と社会保障」**が公開されている。また、夢ナビ・動画「福岡大学法学部教員によるミニ講義」（山下慎一「社会保障法とスポーツ選手――二つの引退って？」）もウェブ上で視聴できる。

自営業者の社会保障について、法的な観点から学びたい人は、日本社会保障法学会の学会誌**『社会保障法』**（法律文化社、年一回刊、既刊三九号）や、岩村正彦・菊池馨実責任編集

『社会保障法研究』（信山社、不定期刊、既刊一九号）で、関連する論文を探してほしい。

†社会保障の歴史について

社会保障の歴史に関しては、厚生労働省ウェブサイトで閲覧できる**『厚生労働白書（平成二三年版）社会保障の検証と展望』**が制度の一部の歴史を読みやすく整理している。『厚生労働白書』は毎年発行されていて、それぞれの年ごとに特色があり、データも豊富である。

社会保障はとても範囲が広いため、それらのうち一つを学ぶだけでも非常に労力がかかる。例えば法的な観点から年金制度の歴史を知りたい場合には、**堀勝洋『年金保険法――基本理論と解釈・判例』**（法律文化社、第五版、二〇二二年）が詳しい。

なお、社会保障は労働政策との繋がりが非常に密接である。日本における労働法政策の歴史的な展開については、**濱口桂一郎『日本の労働法政策』**（労働政策研究・研修機構、二〇一八年）が詳しい。

†生活保護について

生活保護を担当する公務員（ケースワーカー）を主人公とするマンガとして、**柏木ハルコ**

『健康で文化的な最低限度の生活』（小学館、二〇一四年～）がある。ドラマ化もされたためご存知の読者も多いだろう。制度や受給者の実情を描いているとして専門家からも評価されている。また、生活保護に否定的な感情があるけれども理解もしたいと考える人は、**さいきまこ『陽のあたる家――生活保護に支えられて：マンガでわかる生活保護』**（秋田書店、二〇一三年）を読んでみてほしい。

生活保護の仕組みをコンパクトに示すものとしては、**生活保護制度研究会『生活保護のてびき』**（第一法規）がある。毎年度発行されており、五〇〇円程度で買えるので手に取りやすい。また、行政の解釈をより詳しく示すものとしては、**『生活保護手帳』**および**『生活保護手帳 別冊問答集』**（いずれも中央法規出版）がある。こちらも毎年度発行されている。

生活保護制度の立案を担当した官僚による逐条解説書（一つひとつの条文の解釈を示した本。コンメンタールとも呼ばれる）として、**小山進次郎『生活保護の解釈と運用』**（全国社会福祉協議会、改訂増補復刻版、二〇〇四年）がある。初版は一九五〇年に刊行されているのだが、その内容は今でも古びていない。

†日本国憲法上の勤労の義務について

日本国憲法がどのような経緯を経て制定されたかについては、国立公文書館のデジタル展示「**誕生　日本国憲法**」（https://www.archives.go.jp/exhibition/digital/tanjo_kenpo/index.html）でわかりやすく学ぶことができる。国立公文書館のウェブサイト上で、誰でも閲覧可能である。

日本国憲法制定時の帝国議会の議事録は、衆議院憲法審査会ウェブサイト・関係会議録「**日本国憲法制定時の会議録（衆議院）**」（https://www.shugiin.go.jp/internet/itdb_kenpou.nsf/html/kenpou/seikengikai.htm）で誰でも閲覧することができる。とくに読者各位には、勤労の義務規定が挿入された、小委員会「昭和二一年七月三〇日　第五回」を読んで、本書の紹介が正確であるか確認してもらいたい。

勤労の義務については、**山下慎一「日本国憲法における「勤労の義務」の法的意義」**（『福岡大学法学論叢』第六五巻三号、二〇二〇年）でより詳しく、法的な観点から検討している。また、筆者がなぜ法解釈において国会（議会）の議事録を重視すべきと考えているかについては、**山下慎一「法解釈における立法者意思の位置づけ――裁判所と学説の協働に向けた基盤整備の試み」**（『福岡大学法学論叢』第六六巻三号、二〇二一年）で示している。いずれも福岡大学の機関リポジトリで公開されているので、PDFを無料で全文閲覧可能である。

政府が公表した日本国憲法の草案に対する世間の反応をまとめた、**内閣審議室輿論調査班『憲法草案に対する投書報告』**（一九四六年）は、国立公文書館のウェブサイトから、デジタルアーカイブで誰でも閲覧できる。

衆議院の憲政記念館に所蔵されている「**各種民間憲法改正草案集**」(衆議院調査課発行、昭和二一年六月、資料番号二一一一二)では、所収されている九つの民間草案のうち四つが明文で勤労(労働)義務規定を備えている。当時の社会の流れを知るうえで大変貴重である。ただ残念ながら、憲政記念館は現在移転作業中(代替施設での開館中)で、この資料を含む所蔵資料の閲覧は停止されているようである。

†自営業者と労働法について

労働法の分野では、**大内伸哉『AI時代の働き方と法――2035年の労働法を考える』**(弘文堂、二〇一七年)をはじめとして、大内が早くから働き方の変容について問題提起をしてきた。最近のものでは、**橋本陽子『労働法はフリーランスを守れるか――これからの雇用社会を考える』**(ちくま新書、二〇二四年)がドイツの動向にも触れながら「労働者性」に着目して詳細な議論を示している。

また、自営業者の問題に直接関わるわけではないが、労働者を保護するという意味での伝統的な労働法の「解体」が「世界史的現実」として進行している様子を、フランスを題材に鋭く指摘する、**野田進『規範の逆転――フランス労働法改革と日本』**(日本評論社、二〇一九年）は必読である。

†新しい社会保障や情報技術について

筆者は基本的に、情報技術の活用によって面倒な手続きがなくなるのであればどんどん活用した方が良いという立場である（法律学者のなかでは少数派かもしれない）。当初は、終章の記載ももっと徹底したものを用意していたのであるが、**小川哲『ユートロニカのこちら側』**（ハヤカワ文庫JA、二〇一七年）を読んで方針を修正した。行政が自動的に共有可能な情報をあえて共有せずに、本人の申請に委ねることに、理屈とは異なる次元での「人間的な何か」があるような気もしてきている。

なお、筆者の理想とする社会は、中学生のころに読んだ、**星新一「あるエリートたち」**（『盗賊会社』新潮文庫、一九八五年所収）の影響を受けている。そこで述べられている内容はエリートだけではなく、どのような人にも当てはまるのではないかと感じる。

あとがき

やっと「あとがき」までたどり着くことができた、というのが筆者の今の気持ちである（読者各位もそうかもしれないが）。せっかく本文から解放された「あとがき」なので、すこし緩慢な文章になることをお許しいただきたい。

二〇二〇年に筆者が「勤労の義務」に関する論文を書き、二〇二一年の末に幸運にも南山大学社会倫理研究所から賞をいただき、それがきっかけとなって筑摩書房の加藤峻さんから執筆のお誘いを受けたのが二〇二三年の一月であった。書き始めた段階では、「全体の構想もできているし、まあ半年くらいあれば仕上がるだろう」と思っていたが、まったく甘い見込みであった。加藤さんからの鋭く厳しく温かい指摘を受け、予想の三倍ほどの時間と労力の果てに、いまこの文字列をタイピングしている。加藤さんのおかげで、筆者の偏った論理構成がかなり修正され、当初の構想よりも格段に良いものになったと思う。

本書は、筆者が社会保障法学を学び始めた当初から持ち続けていた疑問を、力不足を自覚しつつも表現し解決しようとしたものである。そのため、まだまだ筆者の考えが及んでいない部分も多い。また、社会保障と自己責任の関係をはじめ、記述が必要だと思いつつも本書では取り扱いを断念した論点もある。これから研究を深め、他日の公表を期したい。

本書が主張する内容は、社会保障法学、あるいは法学全般、さらには社会保障・福祉に関係する他の学問の通説的な見解とは異なるものかもしれない。批判的な見解も予想されるが、それでも安心して本書を世に送り出すことができるのは、福岡大学での雇用が保障されているからである。「学術的に異端視されても別にクビになるわけではないし……」という安心感と開き直りがなければ、書き上げることすら困難だったように思う。

このように筆者は、労働者としての安定した雇用（給料）が確保されて初めて、自分の思う通りの研究と主張ができるタイプである、と自分自身を捉えている。もし筆者が自営業の文筆家として生計を立てていたとして、同じ本を書けたかと考えると、悪評が立って原稿依頼が減るリスクを怖がり、書けなかっただろうと思う。

しかし他方で、自営業という立場でこそ自分の創造性が十分に発揮できる、と考える人もいるだろう。そもそも他人に雇われるということ自体が性に合わない、という人も。

結局のところ、どのようなことを仕事にするのかと同様に、労働者として働くか、自営業者として働くかについても、人によって向き不向きがあるのではないかと思う。つまり、どちらの働き方が優れているということも、劣っているということもない。本書には、自営業の方が雇用労働よりも優れた働き方であるとか、自営業の方が大変な働き方であるなどと主張する意図はない。ただ社会保障について、両者を同じように扱うべきだと主張するのみである。

同様に本書には、自ら働くことで生活を構築しようとする人の努力や、働くという行為そのものの崇高さを否定する意図もまったくない。働くことの道徳的な意味での重要さは、筆者自身も日々強く感じている。ただ法的な問題としては、勤労の義務と生存権保障（社会保障の権利）を切り離すべきだ、と主張するのみである。

むしろ「働くこと」を生存権保障と切り離すことで、「働くこと」が生活のための労苦ではなく、人間としての純粋な喜びとして再構成されるかもしれない。誰もが自分にとっての天職を探求でき、そのことが創造的かつ革新的な社会をもたらすかもしれない。あるいは、経済的価値とは異なる価値観に基づいた、人にやさしく、生きやすい社会を導くかもしれない。筆者のこのような想像はあまりにロマンティックだろうか。

本書の中核には、憲法上の勤労の義務規定を置いた。憲法学を専攻しない筆者がこのような問題関心を持てたのは、九州大学法学部生時代に南野森先生の憲法ゼミに籍を置かせていただいたからだと思う。その後、法科大学院に進学しながらも勉強が嫌で嫌で腐りかけていたときに、菊池馨実先生の『社会保障の法理念』（有斐閣、二〇〇〇年）に出会わなければ、社会保障法の研究者へと方針転換することはなかった。そして、博士後期課程で笠木映里先生にご指導いただいたからこそ、筆者は職業研究者になることができ、現在に至るまで自由な問題意識で研究に取り組み続けることが可能だった。ほかにも多くの方々から得た学恩には限りがない。

学恩とは異なるが、スポ恩とでも言うべきものに触れないわけにはいかない。スポーツにはいつも活力をもらい、勇気づけられる。なかでもサッカーが大好きな筆者には、「深夜の海外サッカーを思う存分観続けたい、そのためには大学教員になればよさそうだ」という研究者志望の裏の動機があった。ちなみにこの文章を打っている時点では、ＥＵＲＯ２０２４の大激戦がアディショナルタイムに入っている。

趣味と研究は意外なところで繫がるものである。まだ筆者が社会保障の「しゃ」の字も知らなかったころ、スペインのサッカークラブであるレアル・マドリーの有力な若手選手が心臓病かなにかで現役引退する、その病気は労災で保障を受ける、という内容の記事を読んだ。「ふーん、そんなものか」と思っていた筆者は、社会保障法と労働法を学び始めたのち、日本ではプロスポーツ選手が労働者ではなく自営業者に位置づけられることを知った。このとき感じた疑問は、本書の問題関心や、スポーツに関する筆者の研究・活動に直結している。

そして、筆者自身の生活と研究もまた強く繫がっている。家族の存在と支えがなければ、筆者が本書のような問題関心を持つことも、本書を書き上げることもできなかった。家族への感謝を記してあとがきを終えたい。

二〇二四年七月

山下慎一

参考文献

本書はほぼ全面書き下ろしであるが、いくつかの章は過去に筆者が公表した論文と共通の問題関心に基づいている。そのため、以下に掲げる論文に示した参考文献は、本書の参考文献でもある（紙幅の都合上、ここに重複して列挙することは避ける）。

山下慎一「公的扶助の不正受給防止に関する比較法的考察――イギリスのユニバーサルクレジットにおける情報技術の活用を例として」『福岡大学法学論叢』第六〇巻三号、二〇一五年、三六九～四〇三頁

山下慎一「社会保障法における情報提供義務に関する一考察」『福岡大学法学論叢』第六〇巻二号、二〇一五年、二三五～二六三頁

山下慎一「どのようにして日本国憲法に「勤労の義務」が挿入されたか？」『週刊社会保障』第七三巻三〇三三号、二〇一九年、四四～四九頁

山下慎一「社会保障法と国際法規（特集　社会保障法の法源〔その4〕）」『社会保障法研究』第九号、二〇一九年、五七～一一九頁

山下慎一「自営業者「Jリーガー」は第二の人生に夢を見るか？　法学者が考察するJリーガーの社会保障――「二つの引退」という観点から」『フットボール批評』第二四号、二〇一九年、七八～八九頁

山下慎一「日本国憲法における「勤労の義務」の法的意義」『福岡大学法学論叢』第六五巻三号、二〇二二

〇年、五五九～六〇二頁
山下慎一「公的老齢年金におけるリスク・逆選択・人間像」『週刊社会保障』第七四巻三〇九二号、二〇二〇年、四八～五三頁
山下慎一「法解釈における立法者意思の位置づけ――裁判所と学説の協働に向けた基盤整備の試み――」『福岡大学法学論叢』第六六巻三号、二〇二一年、九六三～九九九頁
山下慎一「社会保障法における情報提供義務と企業年金」『企業年金』第四二巻六号、二〇二三年、四～九頁
山下慎一「識者の眼」『週刊日本医事新報』二〇二三年二月四日号～二〇二四年一月二〇日号（毎月一回連載）
山下慎一「社会保障の権利」日本社会保障法学会編『講座・現代社会保障法学の論点［上巻］』日本評論社、二〇二四年、九八～一二二頁

また、本書の執筆にあたり直接的に参照した主な文献として以下のものがある（もちろん本書はその他にも多くの文献の影響を受けている）。

荒木尚志『労働法［第5版］』有斐閣、二〇二二年
医療保障制度研究会「医療保険制度の一元化について」『健康保険』第六一巻一一号、二〇〇七年、二六～三一頁
岩村正彦『社会保障法Ⅰ』弘文堂、二〇〇一年
宇野力「個人事業主に対する傷病手当金制度創設に向けて」『中小商工業研究』第一五一号、二〇二二年、

八二～八六頁
江口匡太「フリーワーカーに対する環境整備が必要」『NIRA政策研究ノート』第一号、二〇二〇年、一～八頁
大友孝平「個人事業者向けの傷病手当金創設」『中小商工業研究』第一四七号、二〇二一年、七九―八二頁
岡伸一「【研究ノート】失業保険の適用対象に関する再考察」『明治学院大学社会学・社会福祉学研究』第一五九号、二〇二二年、一一一～一二九頁
笠木映里「労働法と社会保障法」『論究ジュリスト』第二八号、二〇一九年、二一～二七頁
笠木映里「「メンバーシップ型雇用」・「ジョブ型雇用」と社会保障法・社会保障制度」『季刊労働法』第二八一号、二〇二三年、一八～二一頁
加藤智章ほか『社会保障法〔第8版〕』有斐閣、二〇二三年
河合塁「フリーランスのセーフティネットに関する一考察」『法学セミナー』第八二八号、二〇二四年、三三～三八頁
『関西労災職業病』編集部「すすむ特別加入業種の拡大がもたらすもの　特別加入者で複数事業労働者という選択肢」『関西労災職業病』第五二二号、二〇二一年、一一～一五頁
喜多村悦史「医療保険はなぜ分立しているのか――社会保険の統合をめざして（下）：医療・介護・年金の垣根を超えた大統合により長期的な医療費削減と加入者の満足度向上を促進」『クリニックばんぶう』第二四四号、二〇〇一年、六八～七三頁
木下秀雄「フリーランスと社会保障」『労働法律旬報』第一九九八号、二〇二一年、六四～七一頁
京極高宣「医療制度の改革（2）」『週刊社会保障』第二一一〇号、二〇〇〇年、四六～四七頁

健康保険組合連合会「《資料》医療保険の統合はなぜいけないか」『健康保険』第二二巻六号、一九六八年、一〇～一三頁
厚生労働省「日本の国民皆保険制度の特徴」(https://www.mhlw.go.jp/content/12400000/001184337.pdf)(最終閲覧日二〇二四年六月二六日)
厚生労働省年金局「令和二年国民年金被保険者実態調査　結果の概要」二〇二二年
厚生労働省保険局調査課「国民健康保険実態調査 令和四年度　調査結果の概要」二〇二四年
厚生労働省労働基準局労災補償部労災管理課『七訂新版 労働者災害補償保険法』労務行政、二〇〇八年
『国保実務』編集部「厚労省の原国保課長が市長会で意見交換」『国保実務』第二三四四号、二〇〇三年、二六～三一頁
『国保実務』編集部「渡辺年金局長が年金と医療の一元化議論も」『国保実務』第二四二一号、二〇〇四年、一八～一九頁
『国保実務』編集部「国保での出産手当金支給をめぐり質疑」『国保実務』第二九六三号、二〇一五年、一〇～一一頁
『国保実務』編集部「市町村ごとに対応が異なることに異議——国保の傷病手当金の対応で議員から意見」『国保実務』第三二三四号、二〇一五年、四頁
『国保実務』編集部「国保の傷病手当金支給に財政措置を」『国保実務』第三二〇三号、二〇二〇年、二〇頁
『国保実務』編集部「高額医療費共同事業補助金の強化が必要」『国保実務』第三二〇三号、二〇二〇年、二一頁
『国保実務』編集部「傷病手当金の支給対象や額の拡充を要望」『国保実務』第三二三七号、二〇二〇年、

一四〜一五頁
『国保実務』編集部「国保の出産手当金制度化に慎重姿勢」『国保実務』第三二六二号、二〇二一年、一八〜一九頁
『国保実務』編集部「後期出産支援金で全世代型社会保障を構築」『国保実務』第三三五三号、二〇二三年、二〜九頁
『国保実務』編集部「リフィル普及、傷病手当金支給など新設」『国保実務』第三三八六号、二〇二三年、二〜五頁
雇用保険制度研究会「雇用保険制度研究会　中間整理」二〇二三年
佐藤政男「医療保険制度一元化構想の堀試案」『週刊社会保障』第二一九七号、二〇〇二年、三頁
産経新聞「「人に迷惑かけない」で孤立　老老介護の末姉殺害の妹に有罪判決」二〇二一年一二月二日付
地神亮佑「労災保険における特別加入について――個人事業主と労災保険との関係」『日本労働研究雑誌』第七二六号、二〇二一年、二四〜三四頁
島崎謙治「高齢者医療制度の「過去・現在・未来」」『週刊社会保障』第二五〇〇号、二〇〇八年、四六〜六五頁
島崎謙治『日本の医療――制度と政策〔増補改訂版〕』東京大学出版会、二〇二〇年
島田陽一ほか編著『戦後労働立法史』旬報社、二〇一八年
失業保険制度研究委員『失業保険制度研究報告』一九七三年
社会保障制度審議会『社会保障制度に関する勧告および答申集』総理府社会保障制度審議会事務局、一九六〇年
『週刊社会保障』編集部「（堤修三・講演）一元化した医療保険では運営が困難に」『週刊社会保障』第二

三八七号、二〇〇六年、六〜一〇頁
『週刊社会保障』編集部「組合方式を維持・推進し安定的な医療保険制度に」『週刊社会保障』第二五一七号、二〇〇九年、三四〜三七頁
『週刊社会保障』編集部「《時鐘》傷病手当金を取り巻く課題」『週刊社会保障』第三二一六号、二〇二三年、三頁
衆議院「年金制度をはじめとする社会保障制度改革に関する両院合同会議の会議録議事情報一覧」https://www.shugiin.go.jp/internet/itdb_kaigiroku.nsf/html/kaigiroku/0143_1.htm（最終閲覧日二〇二四年六月二六日）
菅野和夫『労働法〔第十三版〕』弘文堂、二〇二四年
清正寛『雇用保障法の研究』法律文化社、一九八七年
関英夫『改訂 雇用保険法の詳解』ぎょうせい、一九八五年
仙谷由人「〔インタビュー〕医療保険者を再編し地域型保険に一元化」『週刊社会保障』第二三七〇号、三四〜三五頁、二〇〇六年
全国自動車交通労働組合連合会ウェブサイト（https://www.zenjiko.or.jp/）（最終閲覧日二〇二四年六月二六日）
総務省「令和四年就業構造基本調査　結果の要約」二〇二三年
高木督夫「下層労働者・零細自営業者・失業者」丸山博ほか編、大内兵衛ほか監修『講座社会保障（全一巻）〔復刻版〕』至誠堂、一九六六年、一三四〜一五四頁
多田宏（談）「制度を定着させ将来的には一元化を」『週刊社会保障』第二五〇〇号、二〇〇八年、七〇〜七一頁

田中建一「農作業従事者の労災保険特別加入制度の在り方についての法的検討」『農業労災研究』第七巻一号、二〇二一年、五五～六五頁
東京大学労働法研究会『注釈労働基準法（下巻）』有斐閣、二〇〇三年
中益陽子「「フリーワーカー」時代における社会保障制度の課題」『NIRA政策研究ノート』第二号、二〇二〇年、一～一〇頁
西村健一郎『社会保障法』有斐閣、二〇〇三年
日本労働法学会『現代労働法講座〔第12巻〕労働災害・安全衛生』総合労働研究所、一九八三年
沼田雅之「フリーランス新法はフリーランスの需要を満たすものか」『労働法律旬報』二〇三五号、二〇二三年、六～一六頁
濱口桂一郎「多様な働き方促すフリーランスの安全網」『公明』第一八九号、二〇二一年、一二～一七頁
濱口桂一郎『フリーランスの労働法政策』労働政策研究・研修機構、二〇二二年
平田麻莉「プロフェッショナル&パラレルキャリア・フリーランス協会　誰もが自律的なキャリアを築ける世の中へ（働き方の多様化を踏まえた社会保険の対応に関する懇談会・資料）」二〇一九年
藤本武「労働者階級の貧困」丸山博ほか編・大内兵衛ほか監修『講座社会保障（全一巻）〔復刻版〕』至誠堂、一九六六年、一一四～一三三頁
プロフェッショナル&パラレルキャリア・フリーランス協会「フリーランス新法への期待と課題（二〇二三年四月二七日記者会見資料）」二〇二三年
堀勝洋『社会保障法総論〔第二版〕』東京大学出版会、二〇〇四年
堀勝洋『年金保険法〔第五版〕』法律文化社、二〇二二年
丸谷浩介『求職者支援と社会保障』法律文化社、二〇一五年

丸谷浩介「フリーランスへの失業保険」『法律時報』第九二巻一二号、二〇二〇年、七四〜七九頁
水町勇一郎『詳解 労働法〔第3版〕』東京大学出版会、二〇二三年
三原岳「リスク分散から見た「あるべき姿」——都道府県単位の一元化を」『厚生福祉』第六一七八号、二〇一五年、二〜八頁
民主党アーカイブ「マニフェスト／政策集」http://archive.dpj.or.jp/policy/manifesto/（最終閲覧日二〇二四年六月二六日）
森田慎二郎「傷病手当金および出産手当金に関する歴史的考察」『週刊社会保障』第二六〇〇号、二〇一〇年、四二〜四七頁
横尾俊彦「〔インタビュー〕高齢者医療制度は県が運営主体に——医療保険の一元化・一本化議論を」『社会保険旬報』第二四一六号、二〇一〇年、六〜九頁
労災保険情報センター『労災保険の適用と特別加入制度のしくみ』財団法人労災保険情報センター、二〇〇八年
労働省労働基準局労災補償部『労災補償行政史』労働法令協会、一九六一年
渡邉芳樹「医療保険の幻想と現実——公費・高齢者・一元化①〜③」『国保実務』第二七五三号、三三頁、二〇一一年・第二七五五号、三八頁、二〇一一年・第二七五七号、二〇一一年、二二頁

ちくま新書
1821

社会保障《しゃかいほしょう》のどこが問題《もんだい》か
――「勤労《きんろう》の義務《ぎむ》」という呪縛《じゅばく》

二〇二四年一〇月一〇日 第一刷発行
二〇二五年 一 月三〇日 第二刷発行

著者 山下慎一（やました・しんいち）
発行者 増田健史
発行所 株式会社 筑摩書房
東京都台東区蔵前二-五-三 郵便番号一一一-八七五五
電話番号〇三-五六八七-二六〇一（代表）
装幀者 間村俊一
印刷・製本 株式会社 精興社

ISBN978-4-480-07649-6 C0236

ちくま新書

1333-3
社会保障入門 【シリーズ ケアを考える】
伊藤周平
年金、医療、介護。複雑でわかりにくいのに、この先も不透明。そんな不安を解消すべく、ざっくりとその仕組みを教えます。さらには、労災・生活保障の解説あり。

1501
消費税増税と社会保障改革
伊藤周平
新型コロナ流行による大打撃以前から、消費税増税のために経済や福祉はボロボロ。ウイルスとの闘いのさなかでさえ、社会保障を切り下げる日本のドグマ。

659
現代の貧困 ——ワーキングプア／ホームレス／生活保護
岩田正美
貧困は人々の人格も、家族も、希望も、やすやすと打ち砕く。この国で今、そうした貧困に苦しむのは「不利な人々」ばかりだ。なぜ？ 処方箋は？ をトータルに描く。

1020
生活保護 ——知られざる恐怖の現場
今野晴貴
高まる生活保護バッシング。その現場では、いったい何が起きているのか。自殺、餓死、孤立死……。追いつめられ、命までも奪われる「恐怖の現場」の真相に迫る。

1782
労働法はフリーランスを守れるか ——これからの雇用社会を考える
橋本陽子
アプリで仕事を請け負う配達員など、労働法に保護されない個人事業主には多くの危険が潜む。労働法は誰のための法か。多様な働き方を包摂する雇用社会を考える。

1090
反福祉論 ——新時代のセーフティーネットを求めて
金菱清
大澤史伸
福祉に頼らずに生き生きと暮らす、生活困窮者やホームレス。制度に代わる保障を発達させてきた彼らの生活実践に学び、福祉の限界を超える新しい社会を構想する。

1125
ルポ 母子家庭
小林美希
夫からの度重なるDV、進展しない離婚調停、親子のギリギリの生活……。社会の矛盾が母と子を追い込んでいく。彼女たちの厳しい現実と生きる希望に迫る。